NOSSOS MOMENTOS COM CHICO XAVIER

O HOMEM CHAMADO AMOR

OSWALDO DE GODOY BUENO

NOSSOS MOMENTOS COM

CHICO XAVIER

O HOMEM CHAMADO AMOR

IDEAL

FEB

Direitos licenciados pelo Grupo de Ideal Espírita André Luiz à Federação Espírita Brasileira
GRUPO DE IDEAL ESPÍRITA ANDRÉ LUIZ – IDEAL
Rua Lord Cockrane, 594 – Ipiranga
CEP 04213-002 - São Paulo (SP) - Brasil

2ª edição – 1ª impressão – 1 mil exemplares – 9/2024

ISBN 978-65-5570-662-8

FEDERAÇÃO ESPÍRITA BRASILEIRA – FEB
SGAN 603 – Conjunto F – Avenida L2 Norte
70830-106 – Brasília (DF) – Brasil
www.febeditora.com.br
editorial@febnet.org.br
+55 61 2101 6161

Pedidos de livros à FEB
Comercial
Tel.: (61) 2101 6161 – comercial@febnet.org.br

Adquirindo esta obra, você está colaborando com as ações de assistência e promoção social da FEB e com o Movimento Espírita na divulgação do Evangelho de Jesus à luz do Espiritismo.

Dados Internacionais de Catalogação na Publicação (CIP)
(Federação Espírita Brasileira – Biblioteca de Obras Raras)

B928n Bueno, Oswaldo de Godoy

Nossos momentos com Chico Xavier: o homem chamado amor/ Oswaldo de Godoy Bueno – 2. ed. – 1. imp. – Brasília: FEB; São Paulo: IDEAL, 2024.

164 p.: 23 cm

ISBN 978-65-5570-662-8

1. Xavier, Francisco Cândido, 1910-2002. 2. Biografia. 3. Médiuns – Brasil. 4. Espiritismo. I. Federação Espírita Brasileira. II. Título.

CDD 133.9
CDU 133.7
CDE 80.03.01

Sumário

Agradecimento especial

Não poderia deixar de expressar o meu agradecimento especial a minha esposa Lourdes, pois, nesta época em que começamos nossas viagens a Uberaba, quando conhecemos Chico Xavier, o nosso querido Chico, ela apresentava sérios problemas de saúde e por muitas vezes não pôde nos acompanhar em nossas viagens.

Vale lembrar o cuidado, em vista de nossos cinco filhos, que ainda pequenos, muito precisavam da presença da mãe.

Chico manteve uma ligação de muito amor com a minha Lourdes, se correspondia com sensível carinho, e, certa vez, Lourdes, mesmo não estando bem de saúde, fez questão de nos acompanhar na viagem; quando Chico nos recebeu disse a ela:

— Minha filha, nosso amor e carinho, é muito grande, mas a saudade foi maior ainda, você não estava boa para fazer esta viagem tão longa. Creia que mesmo a distância estamos sempre ligados pelo coração. Acredite, tudo passa e com o trabalho que você realiza com muito amor, logo vai estar curada. Nós permaneceremos orando.

Prefácio

Com respeito e carinho conheci a Doutrina Espírita aos meus 6 anos, em virtude da fragilidade de minha saúde — eu sofria de bronquite asmática.

Convivendo com nosso querido Chico desde 1968, eu não deixaria de lembrar e registrar com fidelidade esses maravilhosos encontros.

Esta a razão que me traz até você, meu caro leitor. Partilhar os instantes de alegria e aprendizado que esse amigo muito querido nos proporcionou.

É sempre bom reconhecer que Dr. Bezerra de Menezes, na sua volta para a Espiritualidade, permanece ajudando o povo brasileiro que tanto amou e continua amando.

Tenho certeza de que o nosso querido Chico continua com o mesmo procedimento quando ainda encarnado, que deixaria o corpo físico, mas que permaneceria conosco.

Oswaldo de Godoy Bueno
São Paulo, 31 de janeiro de 2007.

01 | Primeira viagem a Uberaba

Acredito que eu ainda guarde em minha memória o que possa servir, em parte, para retratar quem foi, e sempre será Chico Xavier, para nós espíritas-cristãos brasileiros.

Por volta do ano de 1968, nosso amigo, frequentador do Grupo Espírita Cristão Feminino, o Sr. Edson Baylo, funcionário do Banco do Brasil, convidou a mim, a meus familiares e amigos, para fazermos a nossa primeira viagem a Uberaba (MG).

Lá chegando, em nossa bagagem levávamos o orgulho de nos considerarmos espíritas de primeira geração.

Nessa primeira viagem pudemos perceber em plena realidade, Chico se qualificando como um cisco, e nós nem a cisco poderíamos almejar.

Naquela época, adotávamos a cura pela fé. Logo, em nosso primeiro contato com Chico, orgulhosamente lhe falamos sobre nossa opção de não tomarmos remédios e não comermos carne.

Chico imediatamente nos disse:

— Ah, meu filho, eu preciso tanto de remédios. Tenho de cuidar do meu corpo, porque os remédios me fazem muito bem e eu ainda não consegui chegar à condição em que vocês já se encontram.

Pela manhã eu tomo, entre sete e nove horas, cerca de 20 comprimidos, e eu preciso deles para cuidar deste meu corpo, que eu valorizo. Oro sempre pelos médicos. Eu converso com os meus membros, valorizando o trabalho que eles prestam para mim, e com a ajuda dos remédios eu posso dar ao meu corpo uma condição melhor, para que ele possa continuar me servindo nesta vida, e quanto a comer carne, eu ainda preciso muito da proteína da carne.

Em seguida, Chico nos convidou para o café da manhã do dia seguinte. Às sete horas da manhã, pontualmente, lá estávamos. Sobre a mesa um prato com vários comprimidos. Chico fazendo questão de mostrar pegou os dois primeiros, mostrando-os em suas mãos, levou-os à boca, colocando-os sobre a língua, ingeriu-os com alguns goles d'água.

A manhã nos foi maravilhosa e produtiva.

À noite, na reunião do Centro, soubemos que dona Zilda Rosin Giunchetti havia recebido mensagem de seus filhos, Dráuzio e Dárcio, desencarnados em acidente de carro.

As pessoas que lá estavam em primeira visita à Uberaba levavam consigo máquinas fotográficas, gravadores e filmadoras e nós não éramos diferentes, queríamos registrar tudo, para em nosso retorno mostrarmos aos amigos.

Perguntei a Chico se podíamos gravar algumas palavras suas para levarmos aos nossos companheiros que ficaram em São Paulo. Ele gentilmente se prontificou a nos atender e eu sugeri a ele que lesse a mensagem daquela mãezinha que recebera notícias dos seus dois filhos desencarnados. Chico nos respondeu:

— Oh, meu filho, a mensagem já pertence àquela mãezinha; não é mais nossa! Se você quiser que ela seja gravada, peça à dona da mensagem e quem sabe ela poderá nos agradar fazendo, ela sim, a sua leitura. Mas, se você quiser podemos gravar uma mensagem de um dos livros espíritas.

Fiquei muito feliz e concordei plenamente com a proposta de Chico. Ele abriu o livro para ler a mensagem que escolhera; mas no recinto ao redor perto das janelas o excessivo número de pessoas em conversa dificultava de certo modo a gravação.

Imaginei que a gravação não sairia com boa qualidade, em pé, atrás dele, tomei a infeliz iniciativa de pedir ao povo que se calasse por alguns instantes, para que Chico pudesse ler a mensagem escolhida para gravarmos. Quando acabei de falar, Chico olhou para mim e disse:

— Meu filho, não faça isso! Nós não temos o direito de pedir ao povo que se cale. Se você acha que há barulho demais, vamos para dentro da sala do receituário e ali nós gravamos. O povo que está aqui é nosso convidado, e como nosso convidado merece as honras da casa. Por isso, meu filho, nós nunca podemos dizer a eles que se calem; nós é que precisamos sair!

Primeira viagem a Uberaba – 1968

02 | *Almoço em casa de Weaker Batista*

Nos trinta e sete anos de convívio com Chico Xavier, muito foi o aprendizado e momentos preciosos para a nossa vida. Por seu carinho, convidava-nos com o grupo para almoçarmos com ele, aos domingos, em casa do Sr. Weaker Batista, valoroso companheiro que muito ajudou Chico na disciplina das reuniões do Grupo Espírita da Prece.

Na despedida, ao término do almoço, e por já conhecer a sua educação e respeito aos convidados, nos retirávamos e ele, Chico, sempre cuidadoso com a sua saúde, delicadamente dizia:

— Agora vou pingar o remédio nos meus olhos. Em seguida vou me deitar e descansar por 20 minutos, que é o tempo que vocês levam para chegar à divisa de Minas com São Paulo. Vou estar com vocês até lá!

Daí, felizes, iniciamos a preparação para a viagem de retorno a São Paulo.

Sentíamos a presença espiritual de Chico e ficávamos muito felizes. Sabíamos da sua capacidade em se desdobrar e estar conosco.

Dizia nos acompanhar até a divisa das duas cidades. Um de nossos companheiros, Rubens, por certo em tom de brincadeira dizia preferir dormir no banco de trás até aquele ponto de nossa viagem de regresso, achando que assim estaria mais tempo junto de Chico.

Alegra-nos muito relembrar esses momentos.

Aos domingos em casa de Weaker Batista

03 | *A cirurgia de Chico*

Em 1967, Chico veio a São Paulo para se submeter a uma delicada cirurgia. Na noite anterior ao procedimento, ele fazia suas orações no quarto do hospital e chorava emocionado, quando Emmanuel se apresentou ao seu lado e lhe perguntou:

— Chico, por que você está tão emocionado? Por que chora tanto?

Chico mostrou a Emmanuel que da foto de Jesus que havia na parede do quarto, irradiava-se muita luz.

Emmanuel lhe explica:

— Mas, por que você está tão admirado?

Assim como você está hoje aqui, fazendo suas orações diante desta foto de Jesus, outras tantas criaturas que passaram por cirurgias neste mesmo lugar tiveram momentos como o seu. Ao orarmos para Jesus, mentalizando o nosso Mestre, se irradia luz.

As pessoas que por aqui passaram não conseguiam vê-la como você, mas, para o seu conhecimento, aqueles que oraram neste lugar receberam de volta esse carinho de amor emanado do coração do nosso Mestre.

Nenhuma prece dirigida a Jesus fica sem resposta!

Após a cirurgia a dona do hospital chamou os médicos, dizendo a eles que não cobrassem a cirurgia e que ela acertaria tudo com eles, os médicos responderam: "O que vamos cobrar é o mesmo que a senhora irá cobrar — apenas um abraço".

04 | *Chico nunca esteve no Grupo Ideal, mas conhecia o local*

Um dos fatos que nos marcaram com muita alegria aconteceu quando Orlando, Rubens e eu, Oswaldo, estávamos a sós com o Chico e ele nos agradecia por termos sido uma das editoras agraciadas com a doação de muitos livros de sua psicografia e pelo Grupo Ideal nunca o ter exigido em "Tarde de Autógrafos", tampouco com a sua presença na Editora.

Chico completou dizendo que muitas vezes esteve presente no prédio do nosso Grupo Ideal na rua Lord Cockrane, 594 e descreveu como era a nossa sede em todos os seus detalhes, a sala de entrada, a cozinha, a escada na entrada, a sala de trabalhos e também as salas de passes e outras mais dependências.

Antiga fachada do Grupo Ideal Espírita André Luiz

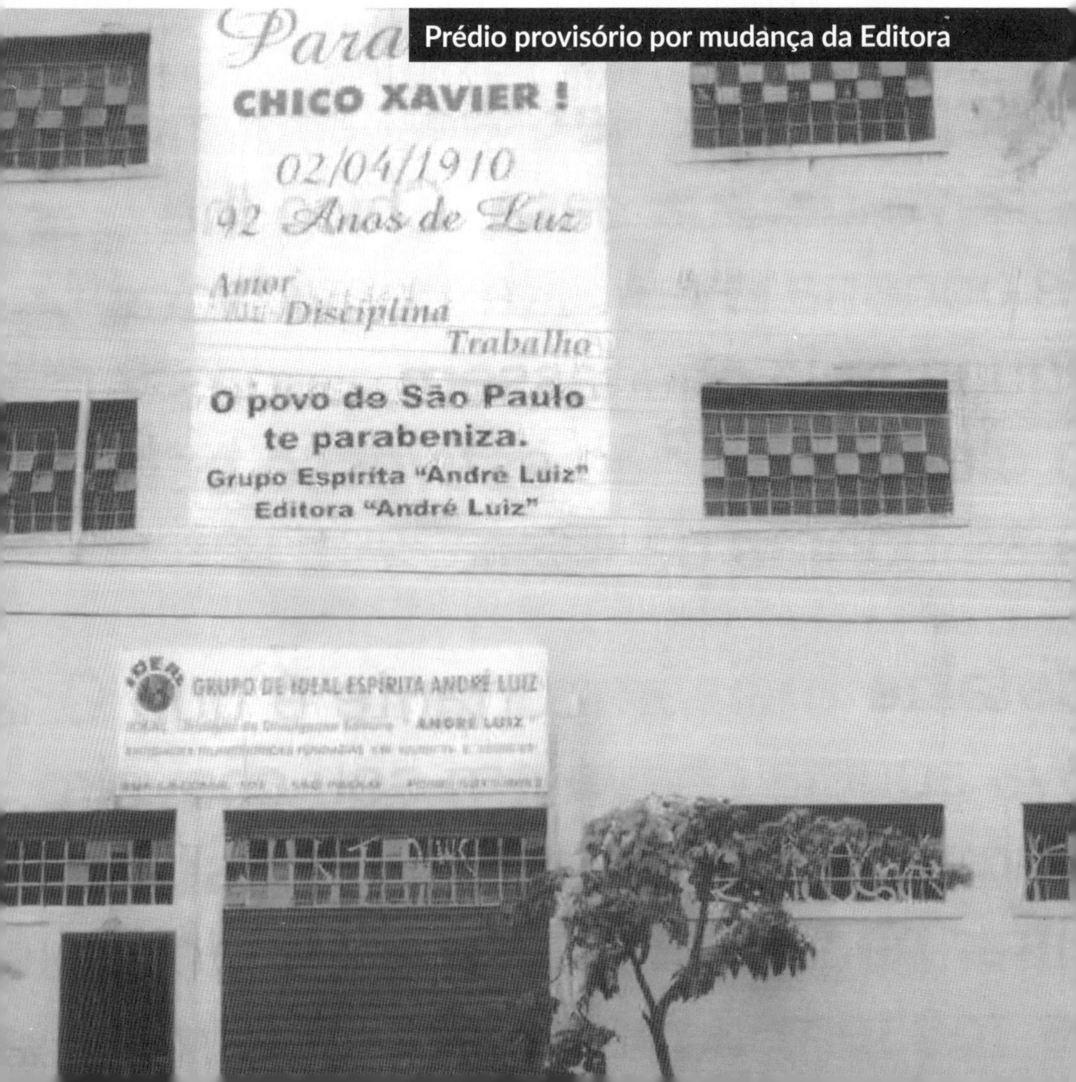

Prédio provisório por mudança da Editora

05 | *As chaves da casa de Chico*

Considero ser da maior importância quando Chico deu as chaves de sua casa ao nosso querido amigo Orlando Moreno, companheiro e irmão, na época Presidente de nossa Entidade Ideal, agora junto dos amigos espirituais, tenho a convicção que ele continua ligado a nós.

Orlando Moreno recebeu das mãos de Chico a chave de sua casa, Chico lhe dizendo que ele poderia levar seus convidados a sua casa, e quando lá chegassem, pudessem entrar, e se ele, Chico, não estivesse bem, que fizesse as honras da casa.

O detalhe mais importante é que Orlando levava aquela chave em seu chaveiro, e nunca teve a coragem de usá-la. Para ele, entrar naquela casa, só quando aquelas portas fossem abertas por dentro, quando alguém viesse nos receber.

Essa lembrança me alegra bastante. Acho importante registrar neste livro o respeito e o carinho que o nosso querido Orlando tinha também para com Chico Xavier.

Quando nosso Orlando adoeceu, Chico viajou de Uberaba a São Paulo para visitá-lo no hospital e acompanhá-lo em suas orações. O carinho que Chico dedicava a ele e a todo o nosso grupo era algo muito especial.

Marina Germinhasi, Chico e Rubens S. Germinhasi

06 | O aniversário de Orlando Moreno

Todos os anos acompanhávamos Chico em viagem à Fundação Marietta Gaio na cidade do Rio de Janeiro, para uma das costumeiras tardes de autógrafos, que na verdade, começavam no sábado por volta de meio-dia e avançavam pela noite, até três, quatro horas da manhã de domingo. Especialmente, a que comemorava a inscrição de Chico ao Prêmio Nobel da Paz, em que o deputado Freitas Nobre, Divaldo Pereira Franco e Augusto César Vannucci, como organizadores compareceram. Ao final, nossos amigos da Fundação ofereciam para Chico e para os trabalhadores que lá estavam, um chá, seguido de um pequeno lanche, e logo após iniciávamos a viagem de retorno a São Paulo.

Numa dessas oportunidades, Orlando aniversariava e no final do nosso encontro eles ofereceram um bolo para homenageá-lo.

Eu estava com Orlando no canto da sala quando Chico o chamou para onde estava o bolo, do outro lado da sala. Enquanto Orlando

Fundação Marietta – ao fundo Orlando Moreno

Orlando Moreno, Lourdes Godoy e Oswaldo

se dirigia para o local, começamos a cantar o "Parabéns a Você". Ao terminarmos, Chico abraçou Orlando carinhosamente, e eu, do outro lado, fiquei um tanto que desejoso de poder desfrutar também daquele momento.

Pensei comigo: "Chico está dando um abraço no Orlando, cumprimentando-o pelo seu aniversário. Afinal de contas, eu podia estar lá e também receber um abraço, porque afinal de contas eu sou amigo do aniversariante".

Chico, tão logo terminou o abraço, olhou para mim e disse:

— Nosso Oswaldo venha aqui!

Atravessei a sala e fui. Quando cheguei junto de Chico ele me deu um abraço e disse:

— Oh, Oswaldo, deixe eu lhe dar um abraço, porque afinal de contas você é o amigo do aniversariante!

Aquilo me deixou emocionado. Chico ouvira o meu pensamento!

07 | O caso da viúva de Uberaba

No final de cada ano, mais precisamente em dezembro, acompanhávamos as distribuições que dona Yolanda Cezar e o Lar do Amor Cristão realizavam em Uberaba naquela época.

Ficávamos sempre ao lado e atrás de Chico, porque não queríamos perder nenhuma oportunidade de aprendizado. Ela sempre contava muitos casos, muitas passagens...

A fila era enorme. As pessoas passavam, recebiam a cesta básica e as sacolinhas com alimentos e roupas e, logo em seguida, passavam pelo Chico para receberem um dinheirinho para compra do leite e do pão.

Um jovem, ali trabalhando, veio até nós, com a cesta básica e as sacolas nas mãos e pediu ao Chico que lhe desse o dinheiro, porque ele estava conduzindo uma pessoa que estava na fila e que como não conseguia andar, arrastava-se pelo chão, usando uns pedaços de couro atado às mãos como apoio.

E Chico a mostrar mais um ensinamento para as pessoas a sua volta disse:

— Vocês estão vendo esse senhor que esse jovem está ajudando? Esse homem deu a sua arma para que uma pessoa tirasse a vida de um pai de família aqui de Uberaba. A polícia ainda não sabe, mas logo descobrirá. Vejam bem esse homem; está dentro desse corpo, preso a esse corpo, imaginem vocês. Se, com esse corpo, ele já instigou uma criatura a matar outro irmão, imaginem que seria esse homem se estivesse liberto!

Passara pouco mais de uma hora quando chegou, diante de Chico, uma senhora com quatro crianças. Ela pegou das mãos de Chico o dinheirinho e já saindo, ele começou a nos dizer:

— Essa senhora é a viúva, cujo marido foi assassinado pela pessoa instigada por aquele senhor que se arrastava aqui diante de nós!

Esse é mais um relato que fica para as nossas reflexões.

08 | *História do rei infeliz*

Gostaria de incluir nesta minha narrativa o conto do rei infeliz, que Chico Xavier nos contou:

Um monarca dedicava com amor e carinho toda a sua vida em favor do seu reino. Não media esforços para agradar; um rei muito feliz em poder ajudar o seu povo.

No entanto, de certa manhã em diante, ele começou a se sentir uma criatura infeliz.

Deixara de sorrir; tornara-se tristonho e vivia muito pensativo, mas, isso *não diminuía a qualidade de sua bondade*.

Os súditos muito se preocupavam, o rei que era toda felicidade, passara a ser uma criatura totalmente infeliz.

Nessa preocupação todos procuravam, de certa forma, encontrar alguém que pudesse solucionar o problema daquele rei, que tudo fazia para o amparo do povo vivendo sob o seu reinado.

Muitos pensadores foram consultados, porém, alguém entre eles, recomendou se procurasse vestir no rei a camisa de um homem que fosse verdadeiramente feliz. Tudo se modificaria e o rei voltaria novamente a ser feliz.

A procura se intensificou em todo o reino, em todos os lugares para que se pudesse encontrar um homem verdadeiramente feliz, e que ele emprestasse a sua camisa para o monarca vesti-la.

Extenuados, desanimados, eis que, num lugarejo encontraram o tal homem verdadeiramente feliz, mas, para a surpresa geral, esse homem verdadeiramente feliz não possuía sequer uma camisa para vestir.

09 | Caso do cachorrinho

Quando Chico necessitava de vir a São Paulo, alguma das vezes, para desfrutarmos mais tempo da sua companhia, íamos até Uberaba para acompanhá-lo a São Paulo, e depois o levávamos de volta a Uberaba.

Nessas viagens, costumávamos fazer uma parada de descanso no Figueira, quilômetro 135 da Via Anhanguera.

Um senhor chegou ao lado de Chico e lhe perguntou:

— O senhor é Chico Xavier?

Chico, como sempre, educadamente respondeu:

— O seu criado!

— Oh, Chico. Estou precisando muito da sua ajuda! Disse o senhor.

— O que foi, meu filho? Respondeu-lhe Chico.

— Eu e minha esposa estamos casados há muitos anos e não temos filhos. Nós tínhamos um cachorrinho que era a razão do nosso viver.

Aquele cachorrinho inclusive dormia conosco em nossa cama e, com a morte dele, acabou a nossa felicidade, principalmente da minha esposa; ela não tem mais alegria de viver. Eu gostaria muito, Chico, que você conversasse com ela. Ela está lá fora.

Atendendo o pedido, Chico foi até onde estava a esposa daquele senhor e, conversando com ela muito carinhosamente, disse-lhe:

— Eu tenho certeza de que você vai ganhar o seu cachorrinho de volta, porque o cachorro, quando morre, fica próximo ao lar da família. Eu tenho uma amiga que me ofereceu um cachorrinho que é da mesma raça que o seu. Ela morava em Taubaté. A senhora me deixa o seu endereço que eu vou lhe mandar o cachorrinho.

— A senhora mora onde?

Ela respondeu:

— Eu moro em Campinas.

Chico anotou o endereço da senhora e ela ficou muito feliz, com a certeza de que receberia de volta o seu cachorrinho.

Cerca de um ano depois perguntei a Chico se ele conseguira atender o pedido daquela senhora, que nós encontráramos na estrada.

E ele respondeu:

— Ah, meu filho, eu nem te conto o problema que nos deu aquele cachorro. Eu ganhei mesmo o cachorrinho da nossa irmã. Minha amiga de Taubaté trouxe o cachorrinho e me entregou na casa da família Galves que nos hospedava em São Paulo, e eu me comprometi a levá-lo a Campinas, para entregar àquele casal. Passamos de quatro a seis horas dentro de Campinas procurando o endereço daquela nossa irmã, que já havia mudado, e não conseguimos lhe entregar o cachorro. Então, nós o trouxemos conosco no carro. Ele me molhou algumas vezes na viagem, porque nós não podíamos deixá-lo molhar o carro do nosso amigo e irmão Sr. Otoniel. Quando chegamos a Uberaba, nós o demos a uma amiga daqui da cidade, certos de que se aquela senhora aparecesse, nós entregaríamos o cachorro a ela. Mas, nunca mais tomamos conhecimento de onde aquela nossa irmã pudesse estar.

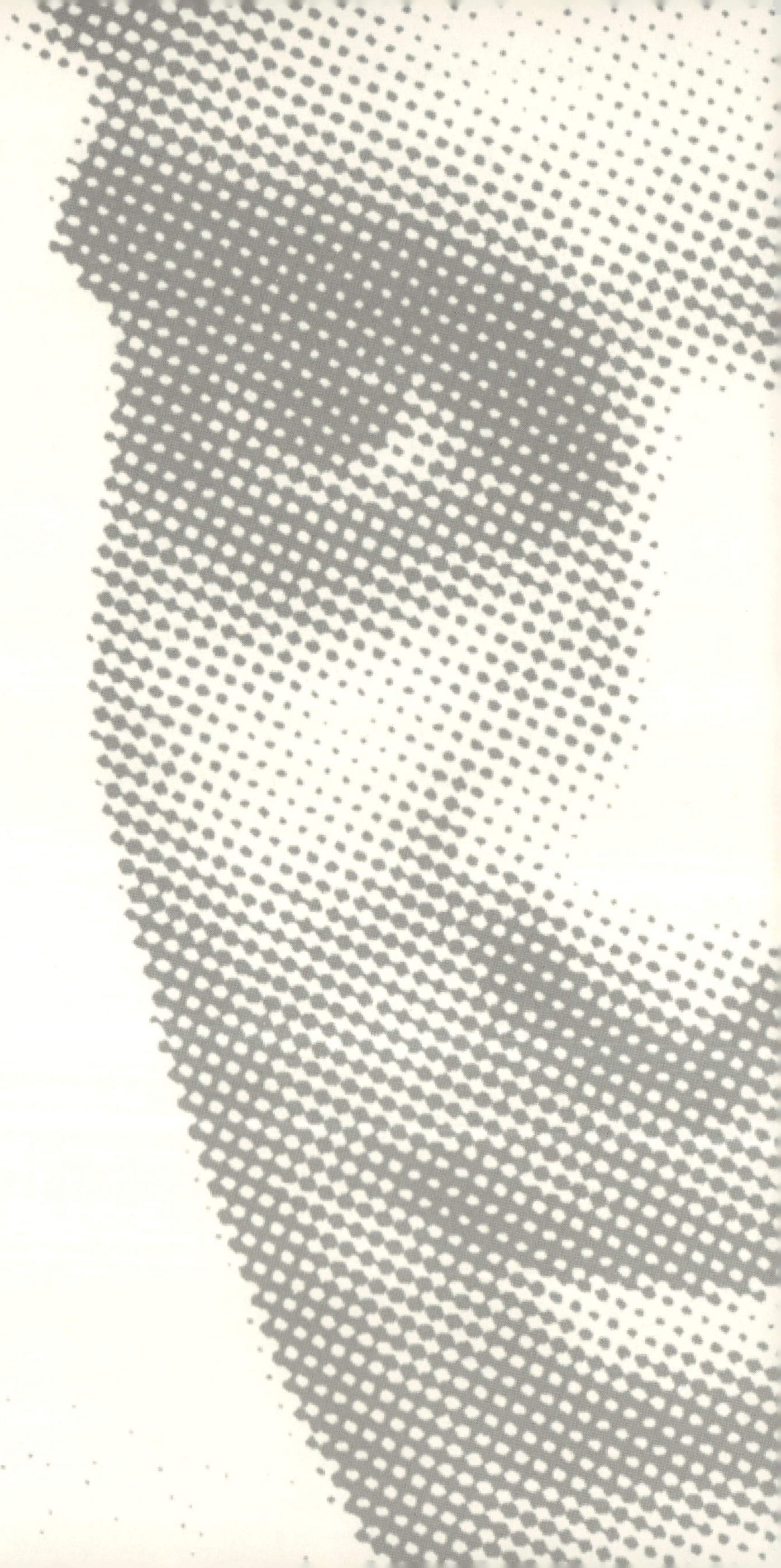

10 | *Viagem a Foz do Iguaçu*

Fizemos uma viagem com Chico a Foz do Iguaçu, mais ou menos há vinte e cinco anos, quando ele fora convidado para inaugurar o Centro Espírita daquela cidade.

Saímos de São Paulo e fomos pernoitar em Ponta Grossa. Quando lá chegamos perguntamos onde havia um hotel em que pudéssemos nos hospedar.

Um transeunte nos falou de um hotel que estava terminando uma reforma, mas que era muito bom. Fomos então para lá, nos hospedamos e, tão logo nossas irmãs foram se acomodando, Chico chamou os homens para saírem com ele a caminhar durante a noite pela cidade.

Durante a longa caminhada que fizemos, Chico nos contou sobre o desenvolvimento das cidades de Ponta Grossa e de Londrina, comparando uma cidade com a outra. Ele parou diante de algumas casas e revelou os nomes das pessoas que as haviam construído.

Foram momentos inesquecíveis, porque após acomodarmos as nossas irmãs nós podíamos desfrutar de momentos tão preciosos como aqueles que vivemos com Chico naquela cidade. Quando amanheceu, enquanto esperávamos para retornar, Chico pediu que eu acompanhasse as nossas irmãs numa volta pela cidade, atendi ao seu pedido, e Chico desceu a pé com os nossos amigos até o centro da cidade.

Naquele momento, percebemos que o movimento era muito intenso. Muitos repórteres estavam chegando ao hotel e fomos retirar as malas de todo o pessoal para sairmos. Mas, o dono do hotel dera uma ordem não permitindo que ninguém saísse enquanto Chico não chegasse de volta.

Fomos procurá-lo e encontramos uma senhora que dizia ser integrante do Grupo Scheilla — onde cerca de 50 senhoras desenvolviam trabalho benemerente muito bonito em Ponta Grossa — esta senhora já o havia encontrado em uma livraria no centro da cidade. Nesse encontro, pediu ao Chico que fosse com ela conhecer aquele lar. Chico aceitou o convite e a acompanhou até o local da Instituição.

Ela lhe disse:

— Chico, só eu e algumas amigas estamos aproveitando a sua presença aqui.

Nossas irmãs, que são cerca de 50 amigas, ficariam muito felizes em poder estar aqui desfrutando da sua presença.

Chico respondeu a ela:

— Ah, mas Scheilla está presente. E ela recomenda que coloquemos sobre a mesa algumas jarras com água, que ela vai deixar plasmado o seu amor na fluidificação dessa água.

E toda a água que havia no ambiente ficou perfumada. Depois disso fomos para o hotel. Quando chegamos o dono nos disse:

— Agora sim, tenho Chico aqui diante de mim, com a alegria de recebê-lo no meu hotel. Agora vocês podem retirar as malas...

Quando fomos pagar a conta ele não cobrou, dizendo ser para ele uma grande honra receber Chico em seu hotel, e que ele nos aguardava no retorno a São Paulo, para descansarmos mais uma vez na sua casa hoteleira.

Quando saímos, eles telefonaram para as cidades vizinhas. Na próxima cidade, Cascavel, e outras, na sequência, os grupos espíritas nos aguardavam na estrada. Quando entrávamos nos restaurantes e nos postos de gasolina, eles tomavam as chaves dos nossos carros, limpavam e abasteciam. E assim foi até Foz do Iguaçu, onde participamos da inauguração do Centro.

Chegamos até a divisa com o Paraguai.

Numa visita ao Cassino, Chico, por gentileza, colocou uma moeda em uma das máquinas e foi uma grande surpresa. Talvez por brincadeira dos Espíritos caíram muitas moedas. Diante daquilo, Chico nos disse:

— Vocês me ajudem a gastar esse dinheiro, porque ele não é nosso. É preciso colocá-lo todo de volta dentro dessas máquinas, mas eu não posso fazer isso porque senão vão cair mais moedas de volta. Vocês me ajudem...

Nós rimos muito com o nosso grande amigo. Foi uma noite inesquecível, também de muita alegria e de muito amor.

Na viagem de retorno a São Paulo o carro do nosso Orlando apresentou defeito, e como Chico tinha compromisso em Uberaba, nós lhe dissemos:

— Chico, você vá embora porque nós vamos devagar. Se precisar, nós vamos colocar esse carro num caminhão.

E ele respondeu:

— Não, meu filho. Nós saímos juntos, nós vamos chegar juntos. Se Deus quiser este carro vai chegar conosco em São Paulo — tomando as chaves do carro entregou em minhas mãos dizendo:

— Oswaldo vai dirigindo, não precisamos parar mais, vamos nos despedir desde já e quando passar pela casa do nosso Galves nem desliguem o carro. Vão logo embora, porque se vocês pararem ele não chega até a casa do nosso Orlando.

E assim nós fizemos. Chegamos a São Paulo e colocamos o carro na garagem. No dia seguinte ele já nem ligava mais o motor, o mecânico chamado para reparar o defeito não acreditou que aquele carro chegara rodando.

Foi mais uma viagem maravilhosa no convívio com o nosso Chico.

Viagem a Foz do Iguaçu

11 | Peregrinações em Uberaba - O caso do leão

Por volta do ano de 1973 participávamos em companhia de Chico, à noite, de uma das costumeiras peregrinações pela periferia de Uberaba.

As ruas não eram asfaltadas e o caminho era iluminado por um lampião conduzido, na grande maioria das vezes, por Eurípedes ou por alguém escolhido, em colaboração à frente iluminando o caminho. Por este ser feito pelas vielas com o leito das ruas não asfaltadas, alertava-nos contra os possíveis buracos.

Uma senhora ali seguindo disse ao Chico:

— Ah, Chico, você quando morrer eu tenho a certeza de que vai alcançar os Páramos Celestiais!

Você é um Espírito iluminado, Chico!

Você deve ter sido um daqueles cristãos que foram comidos pelos leões, com certeza você irá para o Céu.

Chico respondeu:

— Ah, sim, minha filha. De fato, eu vivi naquela época só que eu devo ter sido um daqueles leões que comiam os cristãos. Quanto a ir para o Céu, poderá ser Centro Espírita Umbralino (CEU).

Nossas peregrinações em Uberaba

12 | Orgulho de Chico

Na época em que Chico estava aparecendo na Rede Tupi de Televisão, nos programas "Pinga-Fogo", um amigo seu, muito querido, chamou-lhe a atenção, dizendo-lhe que não devia aparecer tanto em televisão, dar tantas entrevistas; que ele, como tantos outros, também já estava caindo no orgulho, que o orgulho já o estava envolvendo.

Chico, então, ponderou:

— Mas, meu amigo, eu compareço e sei que nada disso é meu. Isso é mais para provar que a Doutrina Espírita é dos Espíritos e não nossa. Os méritos estão todos no trabalho que os bons Espíritos realizam.

Ao que o amigo redarguiu:

— Mas, Chico, você comparecendo nesses programas, dando tantas entrevistas... Isso mostra que você, tanto quanto nós e como todas as pessoas, tem um pouco de orgulho. E está passando esse orgulho para nós!

E ele insistiu tanto que o Chico se cansou de ouvir tanta censura e lhe respondeu:

— Você quer saber de uma coisa? Eu jamais vou cair.

Ao que ele replicou:

— Tá vendo, Chico! Isso é prova do seu orgulho! Você está falando como os outros; você está dizendo que não vai cair. Como nunca vai cair, Chico?

Chico então explicou:

— Eu nunca vou cair porque nunca estive de pé. Eu em toda a minha vida me arrastei, e, aqueles que se arrastam, meu amigo, não têm condições de cair!

Em casa de Chico, antecedendo os trabalhos do Centro

13 | *Exemplo de humildade*

Chico nos contou um caso ocorrido no tempo em que trabalhava na Secretaria da Agricultura.

Os fazendeiros da região faziam empenho de vendas para o governo e tinham um prazo para isso. Um dos fazendeiros mais importantes da cidade deixara vencer esse prazo e, depois de uns dois ou três dias, tentou regularizar sua situação. Como era responsável por esse serviço Chico o recebeu, mas recusou o atendimento dizendo-lhe:

— Oh, meu amigo. Mas já terminou o prazo e agora eu não posso mais aceitar o seu empenho.

Ele não aceitou a recusa e argumentou:

— Mas, Chico, se você carimbar ninguém vai contestar. A sua decisão é muito importante!

Ao que Chico replicou:

— Por isso mesmo, meu amigo. Porque confiam em mim é que eu não posso passar adiante esse documento!

O fazendeiro foi embora muito nervoso e se tornou um verdadeiro inimigo de Chico. Muitas vezes, quando seguia pela calçada em sua direção, ele virava a face e atravessava para o outro lado da rua. Isso magoava muito o coração de Chico.

Na época do Natal, Chico resolveu ir à casa do fazendeiro para tentar uma reconciliação. Quando bateu à porta, um dos serviçais da casa veio atender e, quando viu que era ele, porque já sabia de todo o problema, perguntou:

— Chico, mas você aqui?

Chico respondeu, suplicante:

— Pelo amor de Deus, não diga que sou eu. Peça ao seu patrão que venha aqui fora me atender.

E assim ele fez. Foi até o fazendeiro e pediu-lhe que fosse à porta atender uma pessoa. Quando lá chegou e viu quem era, disse, com desdém:

— Ah, é você! E já ia voltando para dentro da casa quando Chico implorou:

— Pelo amor de Deus, em nome de Jesus, o senhor me ouça.

O fazendeiro parou e ficou ouvindo Chico, que iniciou o seguinte diálogo:

— Eu não poderia passar o Natal sabendo que causei tanto mal ao senhor. Para que eu possa passar melhor o Natal, vim aqui na sua casa lhe pedir que me perdoe.

— Mas você, pedindo perdão?

— Sim. Eu preciso muito do seu perdão!

— Mas, você veio pedir perdão como humilde ou como sem-vergonha?

— Ah, meu amigo, humildade é uma coisa que eu nunca tive. Eu venho pedir perdão como sem-vergonha.

O fazendeiro, então, arrematou:

— Se é como sem-vergonha, então eu te perdoo.

Daquele dia em diante o fazendeiro passou novamente a cumprimentar Chico, porque o havia perdoado com aquela condição: a de que dera o seu perdão a um sem-vergonha.

14 | *Regime de uma amiga muito especial*

Há uns quinze anos, mais ou menos, uma nossa muita querida irmã, esposa de um companheiro também muito querido, estava fazendo regime e tomando medicamento muito forte, que perturbou sua mente. Naquela oportunidade ela escreveu uma carta e a deixou em sua casa, para informar ao seu querido esposo que estava partindo para fazer um tratamento em um local que ela não queria revelar, e só depois que ficasse curada retornaria ao lar.

Foi um desespero muito grande. Imediatamente este amigo me telefonou e eu perguntei se ele já havia falado com o Chico, porque ninguém sabia para onde a nossa irmã estava indo. Imediatamente ligou para Uberaba e colocou Chico a par do problema.

Chico lhe perguntou quem mais sabia do caso, e ele disse que somente eu havia sido informado.

— Então — disse-lhe Chico —, não conte para mais ninguém. Nós vamos orar e daqui a uma hora você nos telefone, que nós vamos localizar a nossa irmã.

E assim aconteceu. Nós ficamos orando cerca de uma hora e, quando ligamos e falando com Chico pelo telefone, ouvimos dele o seguinte:

— Localizamos a nossa irmã: ela está dentro de um ônibus que está trafegando rumo a Brasília. Tão logo ele chegar em Ribeirão Preto, ela vai voltar a si e vai se informar com o motorista onde está. Esse ônibus vai passar por Uberaba, ela vai descer aqui e nós vamos recebê-la em nossa casa. Vocês peguem o carro e somente você e o Oswaldo venham para Uberaba. Nós vamos ter a nossa irmã aqui conosco.

E assim foi feito. Nós fomos para Uberaba e, quando lá chegamos e paramos o carro diante da casa de Chico, não precisamos nem bater à porta. Chico já veio ao portão, e, abrindo-o para nos receber disse-nos:

— Vocês não comentem nada, porque isto tudo vai se apagar da memória da nossa irmã.

E como nós tínhamos um companheiro que havíamos convidado para viajar conosco, o Chico nos recomendou que o levássemos até a rodoviária, para que nossa irmã não encontrasse nenhum estranho, já que ela também o conhecia. Ficamos somente nós, em família.

Naquela noite dormimos em casa de Chico, e ele nos serviu um chazinho na cama.

Foi uma noite muito gostosa, porque tudo voltara ao normal. Nós tínhamos a nossa irmã junto de nós, retornamos para São Paulo.

Nunca mais houve comentário algum em torno daquele tratamento e daquele acontecimento.

15 | *Por esse trio eu oro sempre*

Um dos momentos mais importantes para mim, para o Orlando e para o Rubens aconteceu quando estávamos a sós com Chico.

Ele nos falava muito do nosso trabalho, do compromisso que tínhamos como divulgadores da Doutrina Espírita, dizendo ser os editores espíritas com a responsabilidade de verdadeiros evangelistas.

Em correspondência enviada dele para o Rubens, na aba da folha escrita, ele dizia ter encontrado com os nossos nomes a sigla ORO.

Em certa ocasião, em nossos encontros, ele lembrava dessa sigla e dizia achar interessante o Grupo Ideal estar composto por três amigos – Orlando, Rubens e Oswaldo e completava: por esse trio eu oro sempre!

Orlando, Chico, Oswaldo e Rubens

16 | *Transfusão de energias*

Certa noite, Dr. Bezerra e Emmanuel levaram Chico ao Mundo Espiritual para um tratamento especial, também para renovar-lhe as energias.

Chico dizia que fora levado para um local maravilhoso. Na entrada tinham duas colunas enormes, dentro de um vasto salão onde se realizava palestra proferida pelo prof. Herculano Pires. Passaram pelo salão e Chico foi levado para um departamento especial onde recebeu novas forças e muito amor. Ao retornarem, passando novamente pela frente do salão, Herculano Pires havia terminado a sua palestra.

Quando Chico foi acometido de angina, ele passou entre um e dois meses sem poder receber visitas. Nos juntávamos à corrente de preces que o povo brasileiro a ele endereçava e orávamos pedindo a Deus e a Jesus pelo seu restabelecimento. Neste período, muitos Espíritos vinham visitá-lo e deitavam-se ao seu lado, como imantados para ajudá-lo na respiração.

17 | Sonho de Oswaldo Godoy

Certa noite, após fazer minhas orações e dormir, eu sonhei com Chico. Nesse sonho ele estava caído, muito debilitado, e eu o recolhi em meus braços, e subia uma escadaria muito extensa, como uma pirâmide. Subia, subia...

Chamou-me muito a atenção o fato de eu não sentir o peso dele. Chico era leve, muito leve...

Aquele sonho, muito gostoso, por sinal, ficou gravado em minha mente. Ao acordar, pensei: "Preciso contar esse sonho para o Chico!".

Tão logo pudemos visitá-lo em Uberaba, Orlando, Rubens e eu, assim que tive oportunidade lhe disse:

— Chico, o Dr. Eurípedes Tahan não permitiu que viéssemos visitá-lo, em razão de cuidados médicos, mas eu sonhei com você. Para minha surpresa ele respondeu:

— Sim Oswaldo, nós estivemos juntos.

Você me recolheu do chão e me carregou em seus braços, subindo aqueles degraus (Pirâmide), minha pressão estava muito baixa. Quando você

Chico autografando o livro Chão de flores

subia era o momento em que me ajudava e me estabilizava a pressão.

Essa confirmação me emocionou bastante. Chorei muito de emoção por Chico me relatar esse acontecimento, quando pensei em contar o sonho a ele, foi ele que nos contou, com muito mais perfeição e com muito mais entendimento.

O tempo passou, Chico veio a desencarnar e, eu certa noite, enquanto fazia as minhas orações antes de me deitar, sentia ser aquela uma noite muito especial. Percebia uma saudável e gostosa ligação com Chico.

Fui para a cama, adormeci e sonhei que estava diante do mesmo prédio onde Chico fora levado por Emmanuel e Dr. Bezerra para receber transfusão de energias. Vi-me diante das duas enormes colunas, fixadas diante do maravilhoso prédio e, para minha surpresa, naquela noite era o Chico que faria a palestra.

Em determinado momento vi a chegada de Chico, ele já estava entre as duas colunas para entrar no recinto, eu a distância lastimei, porque queria lhe dar um abraço, foi quando ele olhou para mim e disse:

— Venha Oswaldo, vamos nos abraçar, temos ainda muito tempo e podemos nos abraçar muito.

18 | *Viagem a Catanduva*

Tivemos oportunidade de fazer muitas viagens em companhia de Chico para Niterói, Catanduva, Ponta Grossa, Ribeirão Preto e outras mais cidades.

Numa dessas viagens, mais ou menos vinte e cinco anos atrás, fomos a Catanduva para uma tarde de autógrafos.

O evento teria início entre 1h30 e duas horas da tarde e, como de costume, deveria se estender por toda à noite e terminar na manhã do dia seguinte.

Em ginásio de esportes da cidade, um rapaz tocou órgão à noite e a madrugada toda.

Um pouco antes de seis horas da manhã, os diretores do ginásio vieram nos solicitar encerrar o evento, porque, a partir de sete horas, o pessoal que frequentava o clube usaria o ginásio.

Chico foi avisado que em torno de seis horas o evento deveria ser encerrado.

E quando estávamos saindo, Chico nos disse:

— Precisamos agradecer a esse jovem que tocou a noite toda para nós e manteve o nosso ambiente com muita paz e com muito amor.

Fomos até onde estava o rapaz do órgão para cumprimentá-lo, e ali, juntamente com Chico, cantamos algumas canções.

Quando foi cantada a *Valsa do Adeus*, nossa querida irmã Scheilla deixou o ginásio completamente perfumado.

Foi maravilhoso. Ficamos muito emocionados.

Foram momentos inesquecíveis para todos nós.

19 | O trabalho

Algumas vezes arrumamos desculpas para não comparecermos ao trabalho doutrinário, a fim de fugirmos da responsabilidade. Do compromisso que temos com a Doutrina Espírita.

Em determinada ocasião, em casa de Chico, ele estava passando mal com problemas de coluna. Tinha muita dificuldade para caminhar.

Diante disso, eu o aconselhei a não ir ao Centro naquele dia, ao que ele me respondeu:

— Não, meu filho. Nós temos muitos amigos, muitas mãezinhas nos aguardando no trabalho. Nós não podemos faltar ao compromisso!

Quando estávamos saindo, eu tentei ajudá-lo a caminhar e ele me chamou a atenção dizendo:

— Não, meu filho. Meu corpo tem que ter disciplina. Se ele não for para o trabalho, vão jogar terra sobre ele. Ele tem que aprender; ou ele vai para o trabalho ou ele vai para sepultura. É melhor irmos para o trabalho e o meu corpo vai ter que obedecer.

Nos dirigimos para o Centro e, quando terminaram os trabalhos, Chico estava mais forte, com melhor aparência que qualquer pessoa que ali se encontrava. Aquilo me serviu de ensinamento, para que eu jamais fique procurando desculpas para deixar de comparecer ao trabalho. Jesus nos aguarda nesse compromisso de amor.

Viagem a Foz do Iguaçu

20 | *Seguir Jesus*

Chico nos ensinou que Jesus disse para tomarmos nossa cruz e segui-lo, não aos homens, porque seguindo os homens, pela fragilidade humana, vamos muitas vezes nos decepcionar, e, seguindo Jesus, não haverá equívoco para nós, mas segurança e certeza da vitória.

Oswaldo, Chico autografando o livro Busca e acharás e Orlando Moreno

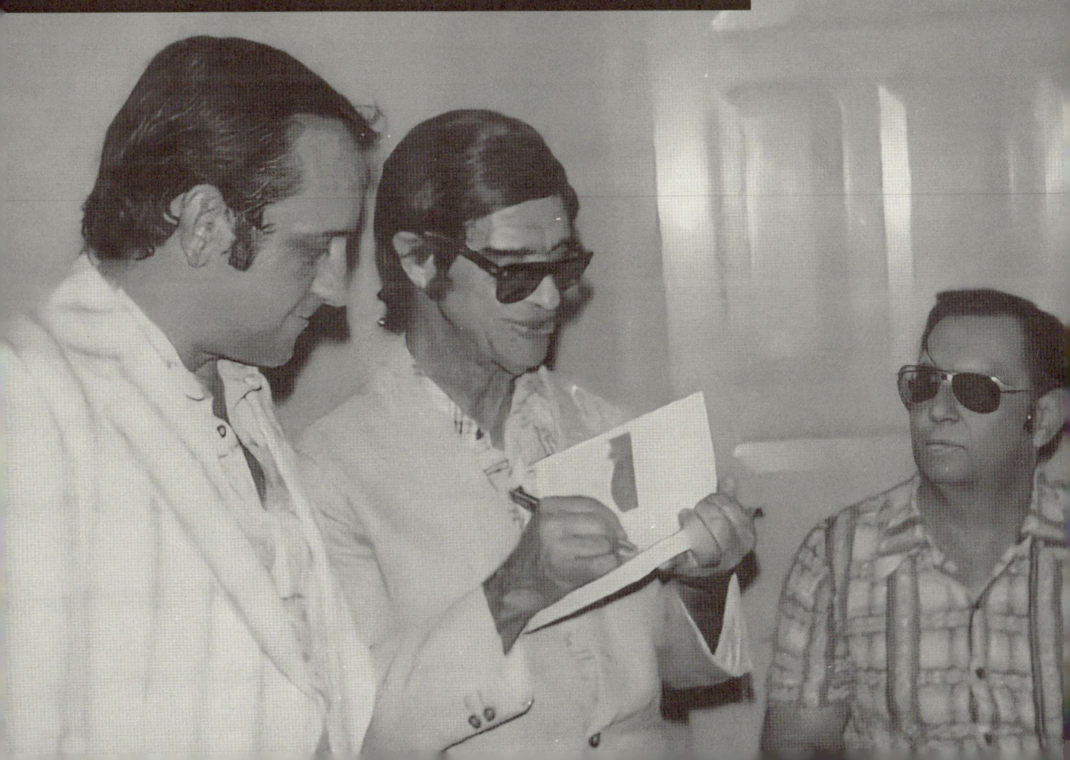

21 | *A queda*

Chico recomendava ajudarmos sempre aos que estão abaixo de nós, porque não estamos livres de uma queda e, em nossa queda, dizia ele, serão aqueles que estão abaixo de nós que nos sustentarão.

Tereza Moreno e Terezinha Nunes em data festiva

22 | *Visita à penitenciária*

Alguns anos, na época do Natal, acompanhamos Chico em visitas à penitênciária de São Paulo. Ao nos aproximarmos do conjunto de edifícios daquele presídio, Chico emocionado deixou algumas lágrimas verterem de seus olhos.

Certa amiga, estando conosco perguntou a ele:

— Chico, você não se sente bem em vir à penitenciária?

Eu estou percebendo que você está chorando. Se você não se sente bem de estar no meio de tantos detentos, podemos poupá-lo desse compromisso.

Chico responde:

— Ah, minha amiga, não estou chorando por esse motivo que você está pensando. É que estou vendo, na porta da penitenciária, os Espíritos de muitas mãezinhas que choram por ter seus filhos lá dentro. Esse é o motivo de tanta emoção.

Nessa oportunidade, um dos detentos perguntou se podia contar uma historinha para nós.

Chico consultado ficou muito feliz em poder dizer àquele detento que ele podia contar a historinha para nós.

Tendo recebido autorização do diretor do presídio, ele começou:

— Na vida todos nós temos três amigos. Uma criatura que havia cometido um crime procurou pelo seu melhor amigo, este sabendo do ocorrido disse:

— Por favor, afaste-se de mim para não me comprometer. Você cometeu um crime e tem que ser julgado. Você tem que pagar pelo crime que cometeu!

Em seguida, ele procurou pelo seu segundo melhor amigo, e lhe perguntou:

— Mas, como? Você matou uma pessoa?

Que aconteceu com você? Você sempre foi tão bom...

Nunca poderia ter cometido um crime. Você teve o seu momento de fraqueza, mas, afinal de contas, você cometeu um crime e vai ter que assumir e pagar por ele.

Você vai ser julgado e eu posso até testemunhar que você sempre foi muito bom, mas o crime é seu e quem vai ter que pagar é você.

E aí ele procurou pelo seu terceiro melhor amigo, que se condoeu bastante, preocupou-se muito e disse:

— Mas, você sempre foi muito ordeiro, disciplinado.

Como você cometeu um deslize desses, uma fraqueza como essa, eu irei aos tribunais e falarei por você. E, se diante de tudo que possa ser dito eu nada mais conseguir, pedirei ao juiz que me permita dividir a pena com você.

Eu irei com você em toda parte e te defenderei em todos os lugares onde você precisar ir.

Daí concluiu o detento:

— Diante da morte, o primeiro melhor amigo a nos deixar e que nada pode fazer por nós é o dinheiro.

Ele nada poderá falar em nosso favor no Mundo Espiritual.

O segundo melhor amigo a nos deixar, são os nossos familiares, que choram muito, que lastimam muito, que sempre elogiavam por termos sido bons e nos colocam na sepultura, voltando para casa, depois de um certo tempo esquecem até de orar por nós.

Mas o terceiro melhor amigo, não. Ele ultrapassa a barreira da morte, vai conosco ao Mundo

Espiritual, nos defende, fala das nossas tarefas e de tudo o que fizemos.

Esse terceiro melhor amigo chama-se amor, chama-se caridade, aclara o bem que fizemos aqui na Terra.

Esse sim ultrapassa conosco a barreira da morte e, no Mundo Espiritual, continua nos defendendo e falando por nós sobre os verdadeiros valores que levaremos conosco para a verdadeira vida.

23 | *História dos caminhões*

Chico sempre gostou de comemorar o Natal junto das pessoas carentes e daqueles que felizes se sentiam com sua presença.

Chico ainda morava na cidade de Pedro Leopoldo e houve um Natal que parecia nada dar certo.

Ele não tinha alimentos e presentes para distribuir para aqueles pobres que passariam o Natal com ele.

E aí Emmanuel disse a ele:

— Peça ao povo para trazer água, muita água. Vamos encher umas barricas com água e vamos pedir pela fluidificação dessa água, para que o nosso povo possa levar alguma coisa para casa.

Os amigos espirituais estão presentes e a água será fluidificada para que eles levem para os seus lares.

Enquanto se preparavam para as suas orações, chegaram à cidade dois caminhões carregados de alimentos.

O motorista parou sobre a ponte e perguntou a uma das pessoas que por ali passavam, onde morava Chico Xavier.

E a pessoa lhe disse:

— Chico está lá naquela baixada próximo daquela ponte, com aquele povo ao seu redor.

Pode seguir com o seu caminhão, o senhor vai encontrar o Chico.

A surpresa foi gratificante, eram tantos os alimentos que aqueles dois caminhões carregaram, que Chico realizou um dos trabalhos de Natal mais fartos, agraciando a muitas famílias da cidade de Pedro Leopoldo.

Chico ao contar esse episódio dizia que nunca soube de onde vieram aqueles dois caminhões.

24 | *Oremos à Mãe Santíssima*

Em 2001, cerca de um mês antes da queda das Torres Gêmeas, nos Estados Unidos. Em conversa com o Chico em sua casa, eu segurava suas mãos quando ele me disse:

— Meu filho, eu sei que você ora com as mães lá no bairro do Areião, em São Bernardo do Campo. Converse com as mães, Oswaldo. Diga a elas para pedirem mais à Mãe Santíssima; nós estamos pedindo muito pouco para a Nossa Senhora, precisamos pedir mais a Ela.

Diga para as mães que a Mãe Santíssima está sempre ao lado de Jesus; vamos pedir a Mãe Santíssima que ela interceda por nós junto a Jesus e, Ele, como bom filho, não deixará de atender o pedido de sua Mãe.

E acrescentou:

— Nós estamos na iminência de grandes conflitos, precisamos muito da oração. Vamos pedir às mães; vamos todos orar bastante para que esses conflitos se amenizem e não sejam tão violentos como se preparam para acontecer.

Reunião das mães assistidas em nossa sede no Areião

Vista da nossa sede de atendimento e creche

25 | *Peregrinação em Uberaba - Visita às mesmas casas*

Pelo ano de 1970, ao caminharmos com Chico nas saudosas peregrinações pelas ruas de Uberaba, uma senhora perguntou a ele?

— Chico, Uberaba é tão grande! Por que visitam sempre as mesmas casas?

Outras tantas famílias precisam tanto! Você poderia visitar outros lares, levando também a sua ajuda, a sua presença, o seu amor aos corações...

Ele respondeu:

— Minha filha, o rio corre obedecendo sempre o seu leito; e ele só atinge outras paragens quando provocado pelas grandes enchentes. Na realidade precisamos nos disciplinar

Precisamos sempre percorrer os mesmos lugares; quando, então, não precisarem mais da nossa presença, aí sim, nós poderemos mudar de lugar. Importante é, no caminho que temos a percorrer, continuarmos fazendo o melhor, levando sempre a palavra de Deus, o nosso amor, a nossa ajuda, porque aqueles que procuram lugares distantes nunca encontrarão lugar algum para servir.

26 | Jovem de Ribeirão Preto

Em Uberaba, pela oportunidade, costumávamos nos sentar ao lado ou atrás de Chico, para acompanhar o atendimento e o aconselhamento às pessoas que o procuravam em busca de orientação.

Chegou diante dele um jovem de Ribeirão Preto que não conseguia falar. Ele olhava para Chico, esforçava-se para falar, mas não conseguia.

Chico lhe disse:

— Fale, meu filho, eu sei qual é o seu problema. Você está pensando em fugir da vida, não é isso? Mas, esse caminho não vai solucionar o seu problema, porque ninguém consegue fugir da vida. O suicídio não é solução para nenhum problema e só irá agravar ainda mais a sua situação. Você é de Ribeirão Preto, não é?

— Sou sim, disse o jovem.

— Eu vou lhe recomendar uma família em Ribeirão Preto que trabalha em favor do próximo... Uma família com alguns recursos. Segundo dizem, aqueles que têm recursos querem aproveitar a vida. Estes sim sabem aproveitar a vida, eles dedicam o seu tempo na caridade em favor do próximo, trabalhando com crianças, ocupando a mente...

O que está faltando para você é ocupar sua mente nas coisas do bem. Eu vou lhe passar o endereço, você vai retornar a Ribeirão Preto e procurar essa família. Esses nossos irmãos poderão te ajudar muito. Mas o conselho que eu quero dar agora é que você ocupe a sua mente com as coisas do bem, com as coisas do amor; oferecer esse amor que está dentro de você e que você está tentando apagar. Faça o bem o máximo possível, que você sairá desse estado de depressão, desse estado de tristeza, dessa insatisfação, dessa vontade de fugir da vida. Verdadeiramente, ninguém consegue fugir da vida. Não agrave mais o seu problema, meu filho. Ao finalizarmos o nosso trabalho eu vou te passar o endereço, você me aguarde.

27 | *Ajudar outras famílias*

Alguns companheiros do nosso Grupo de Ideal Espírita André Luiz começaram a questionar o nosso critério de atendimento na Área de Assistência Social, achando que já estávamos ajudando algumas famílias há muito tempo. Diziam que precisávamos fazer mudanças, não era possível que continuássemos a atender sempre as mesmas pessoas.

Na primeira oportunidade em viagem a Uberaba, perguntei ao Chico se deveríamos parar de ajudar àquelas famílias para o atendimento de outras, na verdade, não tínhamos recursos para simplesmente ampliar o nosso quadro de atendimento.

Chico nos respondeu:

— Meu filho, eu te pergunto. Por que mudar de pobres? Nós temos que trabalhar e servir no lugar em que nos situamos. Nós já falamos há alguns anos que aqueles que ficam procurando lugares para servir nunca encontram. Nós estamos com aqueles que Deus colocou em nosso caminho, e com eles temos que cumprir com o nosso dever, com as nossas obrigações.

28 | *Irmã de dona Elba da Colônia Santa Marta*

Dona Elba é uma amiga da cidade de Goiânia, que trabalha servindo na Colônia Santa Marta, no atendimento aos hansenianos.

Chico sempre se preocupou com os problemas dessa nossa irmã, da necessidade que ela teve, algumas vezes, de passar por cirurgias em São Paulo, operando a sua cabeça, que, em virtude dessas cirurgias, ela já não tinha mais a hipófise.

Disse, também, que todas as vezes que ela saía da Colônia Santa Marta para vir a São Paulo submeter-se a uma cirurgia, os pacientes permaneciam dia e noite revezando-se em orações. Formava-se, então, um facho luminoso que a acompanhava, sem interrupções, até o hospital e, após o ato cirúrgico, voltava com ela para Goiânia. Tudo pela força das orações, pelas vibrações daqueles irmãos que a amavam tanto.

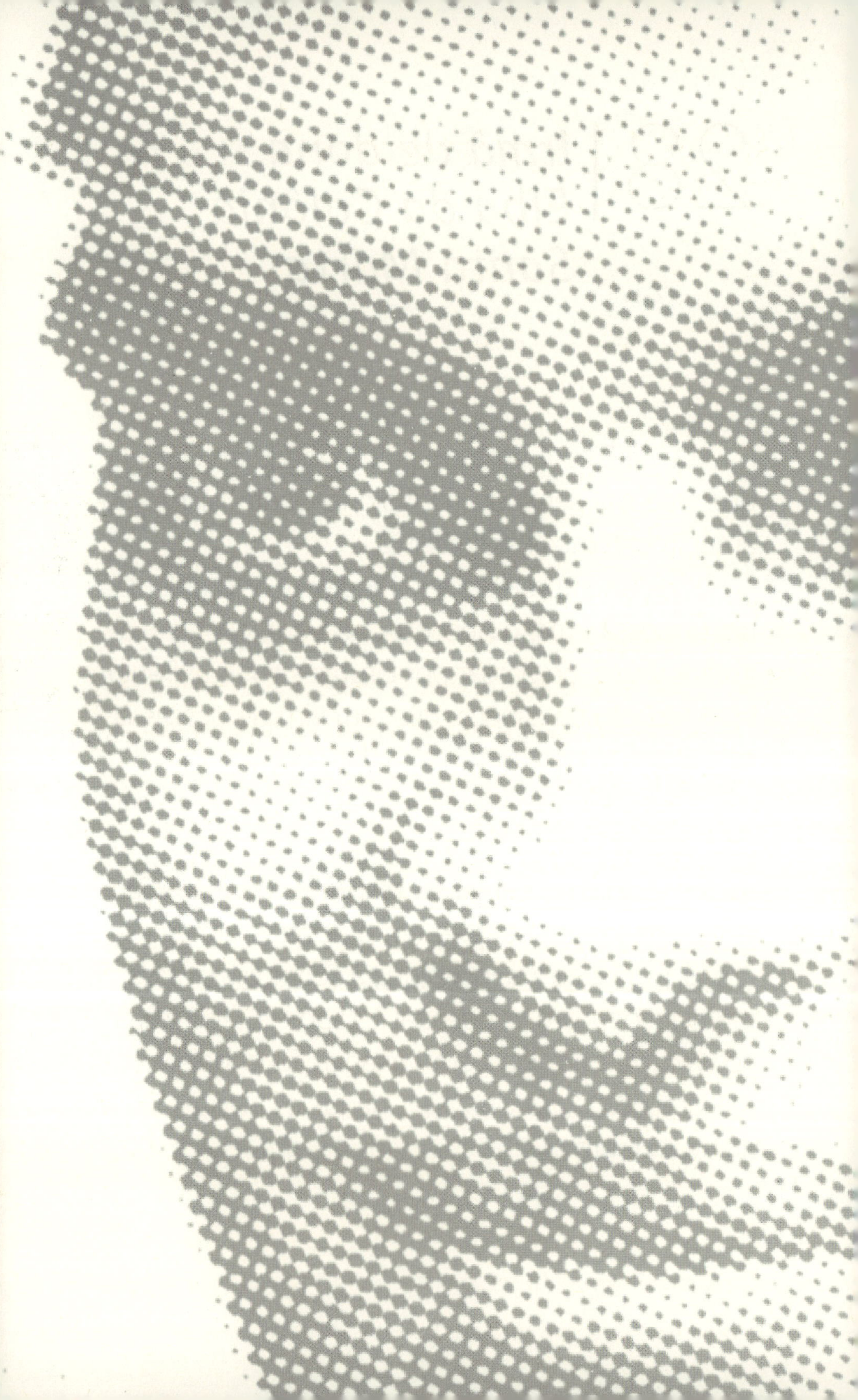

29 | *Senhora de Santos*

O tema do culto do Evangelho, em nossos encontros na sombra do abacateiro, era, geralmente, de acordo com a necessidade da maioria das pessoas ali presentes.

Emmanuel e Chico escolhiam o tema para atender a necessidade maior das criaturas que, em grande desespero, procuravam no consolo e na palavra de Chico, naquele ambiente de amor, um alívio ou uma orientação para a solução dos seus problemas.

Chico abriu o Evangelho, o capítulo escolhido foi sobre o suicídio. Das diversas pessoas que estavam presentes algumas foram convidadas a falar e, para concluir, Chico tomou a palavra e disse:

— Segundo nosso Emmanuel, as criaturas que procuram esse caminho para a solução dos problemas estão agravando ainda mais a sua situação, na realidade, como dissemos, ninguém foge da vida. É um compromisso de pena, de sofrimento e de dor maior para aqueles que buscam este caminho.

Após o comentário de Chico, chegou-se a ele uma senhora de Santos e disse:

— Chico, parece que você falou só para mim.

Estou vivendo exatamente esse problema, Chico! Como você sabe?

Ele respondeu:

— Oh, não, minha irmã.

Chico ficou desconsertado procurando dar alguma explicação àquela nossa irmã. Então, ela começou a contar o seu problema:

— Sabe Chico, eu fui casada durante alguns anos. O meu marido é uma criatura que eu amava e amo muito, mas nós não conseguíamos ter filhos.

Nunca consegui engravidar por problemas de saúde, o nosso sonho maior era termos um filho.

Depois de cinco anos, meu marido veio me dizer que ele há cinco anos estava fazendo vida com a sua secretária, e com ela nasceram três crianças.

Sim, três filhos do convívio com aquela pessoa e resolveu me abandonar — foi morar com ela na cidade de Santos.

Mas, a fatalidade foi muito grande, Chico.

Depois de algum tempo meu marido sofreu um acidente e ficou em uma cadeira de rodas. Tomei conhecimento e fiquei muito triste, eu ainda tenho amor por aquele homem com quem vivi muitos anos, mas a situação deles ficou muito difícil.

Há muitos anos sou funcionária pública e o que ganho dá para eu viver uma vida muito boa, Chico, mas com o meu marido não aconteceu o mesmo;

ele perdeu tudo o que tinha e ficou na miséria, sem condições de sustentar os próprios filhos.

Chico, ele e a sua companheira vieram ao meu apartamento para pedir ajuda.

Eu o recebi fora da minha casa, no saguão do edifício. Procurei dar ajuda a ele, aos seus filhos, mas não permiti que eles entrassem na minha casa.

Diante daquele homem numa cadeira de rodas, homem que eu ainda amo, Chico...

Eu não consegui perdoá-lo.

Estou tentando e ainda ajudo no sustento dos filhos dele. Acontece, Chico, que eu tenho uma vida bastante controlada.

Eu mantinha meus sobrinhos na faculdade. Agora, eles concluíram os estudos, eu não tenho mais razão de viver.

A vida, para mim, parece que terminou, agora estou vivendo com muita tristeza, com muita vontade de me suicidar.

Chico disse a ela:

— Não, minha filha. Você tem um coração muito bom, é uma criatura maravilhosa.

Veja que exemplo...

O seu marido, mesmo tendo te abandonado, sabe do grande coração de mulher e de mãe que você tem.

Ele sabia onde procurar recurso; por esse motivo, ele bateu à sua porta, mesmo em uma cadeira de rodas. Sabia que você não negaria a ajuda que ele precisava.

Você terminou o seu compromisso com os seus sobrinhos, minha filha, mas se você ama esse homem, ajude-o a cuidar e a criar os filhos, porque aqueles que nascem na Terra e amam os filhos de outras mães como os próprios filhos, são criaturas com um coração tão grande quanto o seu.

Ocupe a sua mente.

Ajude minha filha...

Ajude-o a criar os filhos que também são seus, porque ele também faz parte do seu amor.

Foram ensinamentos tão maravilhosos e tão sublimes, que aquela nossa irmã saiu dali com as suas energias renovadas, sorrindo até, porque ela encontrou mais uma razão para viver.

30 | *Doce de leite*

Nós sabemos que mineiro gosta muito de doce, e na casa de Chico Xavier não era diferente, após o almoço eram servidos vários tipos de doces.

Uma das sobrinhas de Chico fazia um doce de leite excelente, muito simples: dez litros de leite e um quilo de açúcar, coloque no fogo com um pires virado ao contrário e deixe por mais ou menos uma hora e o doce estará pronto.

Num almoço em que eu participei, estava também uma amiga de Belo Horizonte. Ela experimentou o doce de leite, gostou muito e, como outras muitas pessoas, levou a receita para casa.

Chegando a Belo Horizonte ela preparou o tão desejado doce, usando ingredientes numa quantidade menor, que resultou em mais ou menos um litro e meio de doce. Ficou tão gostoso, mas ela achou ser tão pouco que se trancou no banheiro para não ter de dividir com ninguém e comeu tudo de uma só vez.

O resultado não podia ser outro. Nossa amiga passou mal a noite toda e o dia seguinte, pensou que fosse desencarnar. Ela não se deu conta que foi por causa do doce.

Uns quatro ou cinco meses depois ela retornou a Uberaba. Em conversa na sala de estar, Chico começou a falar de comida, de maneira muito espirituosa, fazendo-nos rir muito.

Então ele disse:

— É, a gente come bastante. Come a comida e depois come o doce, que é muito gostoso. De repente, a gente faz um doce muito especial e não

Varanda onde aguardávamos Chico em sua casa

quer dar para ninguém, porque a quantidade é pouca, e vai ao banheiro, come tudo sozinho e, de noite, quase morre e nem se lembra que foi por ter comido todo o doce de leite.

Nossa amiga foi empalidecendo, certamente lembrando-se do que lhe acontecera, e finalmente disse:

— Ah, Chico! Fui eu que comi todo o doce de leite. Agora que eu estou me lembrando. Eu que fiz o doce, comi tudo sozinha no banheiro e nem me toquei, Chico, aquela quantidade de doce de leite me fez muito mal e eu quase morri aquela noite.

Nós rimos muito com aquilo.

31 | *Presença de Emmanuel*

Chico um certo dia estava muito triste, as pessoas que iam procurá-lo cobravam alguma ajuda e, às vezes, ainda o criticavam, ninguém ia procurá-lo para perguntar como ele estava ou se precisava de alguma coisa.

"Como me criticam. Sei que erro bastante, mas podiam parar de me bater tanto..."

Por essa tristeza, então, Emmanuel chegou-se a ele e lhe perguntou o que estava acontecendo.

Chico respondeu que estava apanhando muito e Emmanuel lhe fez uma outra pergunta:

— Você está contente com a minha presença?

Chico respondeu:

— Ah, sim, com o senhor, eu estou contente.

— Pois então — redarguiu Emmanuel —, enquanto você estiver apanhando eu estarei ao seu lado. O dia que você estiver batendo, pode crer, você vai estar só.

32 | *O remédio é a oração*

Chico sempre recomendava a oração diante das dificuldades, das lutas que a vida nos reserva. Ele dizia que o remédio era sempre a oração...

Uma senhora, procurando Chico, lhe disse:

— Chico! Estou voltando aqui porque você me recomendou orar para solucionar os meus problemas, mas eu não estou conseguindo.

Parece que eles estão cada vez mais difíceis.

Chico lhe respondeu:

— Você está orando muito pouco. Dobre suas orações e continue confiando no Alto, que a solução para os seus problemas virá.

33 | *O lenço da minha esposa*

Aos domingos, atendendo a gentil convite para o almoço do casal Weaker Batista e sua esposa dona Zilda, com a presença de Chico, antes de retornarmos para São Paulo, enquanto abraçávamos Chico ele me perguntava:

— E o lenço da nossa Lourdes, você trouxe, meu filho?

— Ah, trouxe sim, Chico, está aqui comigo.

Lourdes Godoy e Oswaldo em casa de Chico

Eu tirava o lenço do bolso, colocava-o nas mãos de Chico, ele segurava minhas mãos junto com o lenço, apertava várias vezes e o lenço ficava todo perfumado. Certa ocasião, o lenço ficou tão ensopado que chegava a pingar a essência perfumada ali depositada por efeito de sua mediunidade.

Quando saíamos de Uberaba, eu colocava o lenço por dentro da camisa e seguia todo o caminho sentindo aquele perfume. Chegando a São Paulo — minha esposa Lourdes estava bastante adoentada — eu colocava o lenço no peito dela, conforme o Chico recomendava, e ela imediatamente sentia-se melhor.

34 | *Visita à casa de Lázaro e João*

Por diversas vezes, quando terminavam os trabalhos na casa de Chico, de madrugada, íamos à casa de Lázaro e João que moravam à beira da estrada, onde faziam suas orações e aplicavam passes. Numa dessas visitas, fiquei encantado ao saber que Lázaro e João amparavam sempre as pessoas que por ali passavam, doando fubá e farinha. A propósito disso perguntei a Chico:

— Chico, gostei muito, muito mesmo desse trabalho do Lázaro e do João. O bairro do Areião, em São Bernardo do Campo, tem tanta gente necessitada quanto aqui. O que você acha de nós também começarmos a doar fubá e farinha?

Chico respondeu:

— Oh, meu filho. É melhor você doar somente o fubá, porque a farinha você não vai aguentar. O fubá é um alimento maravilhoso... Se esforcem para que vocês possam dar apenas o fubá.

E é sob a orientação de Chico que, até hoje, doamos o fubá às famílias assistidas pela nossa Casa do Ideal Espírita, no bairro do Areião, em São Bernardo do Campo, na cidade de São Paulo.

35 | O guarda-chuva

Várias vezes acompanhamos o Chico nas peregrinações das sextas-feiras à noite na cidade de Uberaba. Numa oportunidade, em que o tempo estava fechado, ameaçando chover, eu abri o porta-malas do meu carro e peguei um guarda-chuva, para em caso de necessidade usá-lo.

Em determinado momento começou a chover.

Eu abri o guarda-chuva, fui correndo cobrir Chico e ele falou:

— Oswaldo, meu filho, o que você está fazendo?

— Chico, está chovendo e eu estou lhe cobrindo — respondi.

Ele redarguiu:

— Não, meu filho, não me cubra não. Você só poderá me cobrir depois que cobrir todas as nossas irmãs que estão caminhando conosco.

36 | *Remédio para bronquite – Manipulação de dona Nenê*

Desde criança eu sofria de forte bronquite. Levava sempre comigo uma caixa de Celestone com Soluspan e, a cada três dias, tomava uma injeção.

Das minhas visitas a Uberaba, quando eu me despedi de Chico na porta de sua casa, ele me disse:

— Oswaldo, me dê um abraço, deixe a *bronca* comigo e leve só o *ite*. Mas fale com o nosso Orlando, pois eu acredito que vocês devam passar em Franca. Lá, tem uma senhora muito especial, a mãe do nosso Albertinho Ferrante, a dona Nenê Ferrante. Ela faz um remédio para bronquite, usando diversas ervas, mas o mais importante, entre todas as ervas que ela utiliza, é o amor com que ela faz o remédio. Passe em Franca, que é caminho para São Paulo. Vocês vão andar só um pouquinho a mais e, quem sabe, a dona Nenê tenha feito um remédio para você.

Orlando imediatamente falou:

— Vamos sim, Chico. Nós vamos passar por Franca.

Passamos em Franca. Fomos até a Avenida Presidente Vargas, onde morava Albertinho, e ao chegar na casa dele perguntamos se a mãe dele tinha o remédio para a bronquite em casa e como faríamos para pegá-lo.

Ele respondeu:

— Ah, é difícil. Ela faz o remédio geralmente para quem encomenda, mas se vocês quiserem nós vamos até a casa de mamãe.

Então fomos. Ao chegarmos no corredor, dona Nenê falou:

— Ah, Albertinho. Então você está trazendo o amigo do Chico aqui para buscar o remédio!

Nós, espantados, falamos:

— Ué. Mas como assim?

Ela respondeu:

— Chico me apareceu ontem à noite aqui e pediu que eu fizesse o remédio, que um amigo dele passaria hoje aqui para pegar. Então, você que é o amigo do Chico?

Eu falei:

— Graças a Deus. Eu quero ser sempre amigo do Chico.

E ela disse novamente:

— Ele ontem à noite me apareceu e pediu que eu fizesse o remédio para você; me disse que vocês passariam hoje por aqui. Então, o remédio está aqui.

Tomei o remédio que a dona Nenê fez em dois dias e nunca mais tive uma crise de bronquite.

Chico, Alberto Ferrante e companheiras queridas

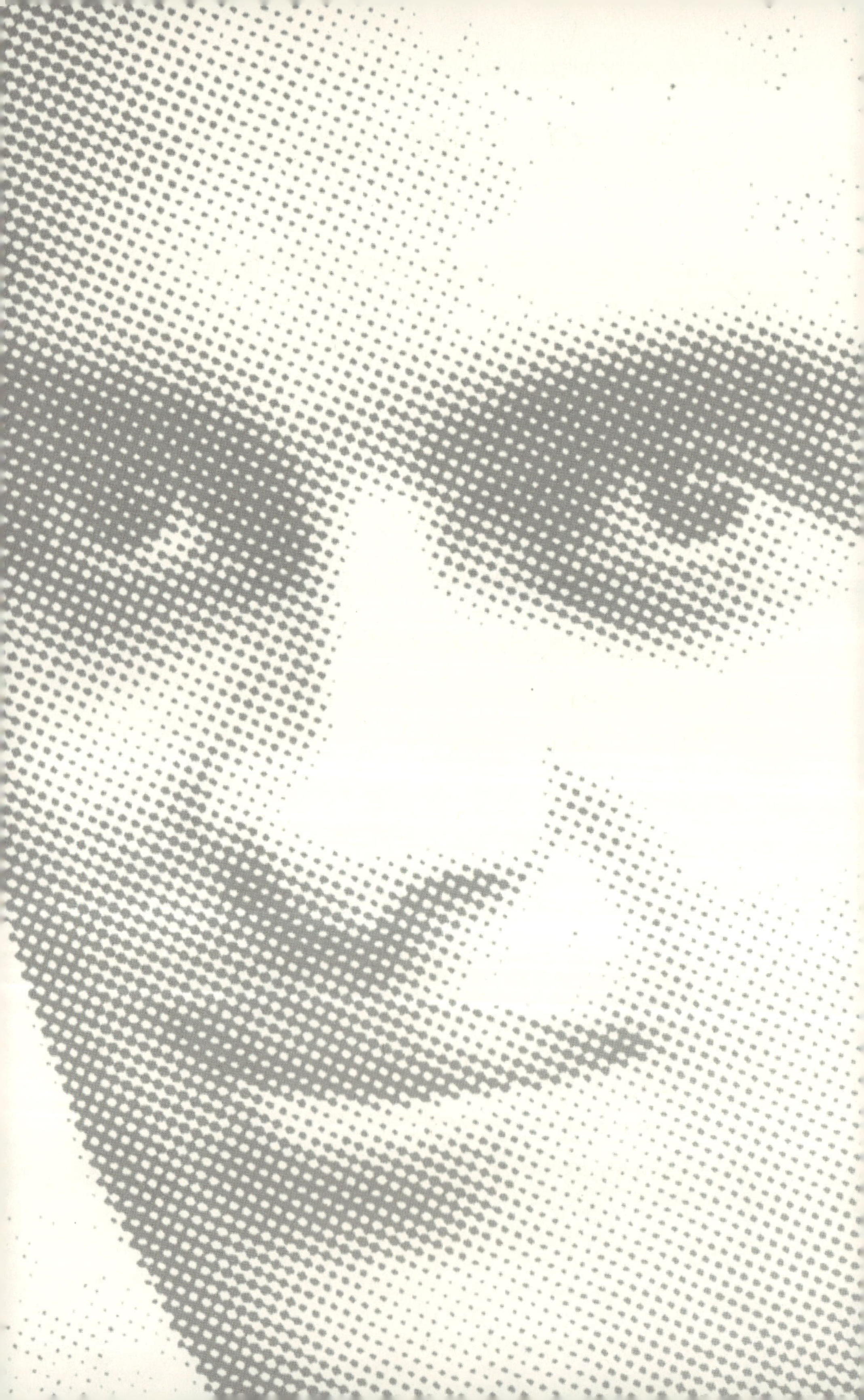

37 | Os gatos da casa de Chico

Chico precisou mudar de casa. Foi uma mudança de travessia de rua. De um lado para o outro. De uma calçada para outra. Nessa época, ele tinha muitos gatos que gostava muito. Eram mais ou menos uns 30. Os gatos geralmente não se adaptam ao mudarem de casa, ainda mais mudando para uma casa em frente. Do outro lado da rua; eles não queriam mudar.

Chico depois da mudança, no primeiro dia foi convidar os gatinhos a se mudarem, pois ele já estava morando do outro lado da rua.

— Vamos mudar. Estamos morando em frente, vocês sabem que eu preciso de vocês...

Dizendo aos gatos que esperava por eles lá, foi embora para a sua nova residência onde residiu até a sua desencarnação. Os gatos não atenderam ao seu pedido. No dia seguinte, ele voltou novamente a convidar os gatos a se mudarem com ele, os gatos o ajudavam bastante com as mensagens, evitando que os ratos as roessem. E ele dizia:

— Vamos, vocês me ajudam, vocês colaboram comigo para preservar as mensagens. Vamos mudar comigo; venham para o outro lado. Eu não deixo de alimentar vocês...

Foi embora e os gatos nada de mudarem.

No terceiro dia ele voltou lá, com os gatos ao seu redor, disse:

— É a última vez que eu venho chamar vocês. Eu estou implorando, estou suplicando. Eu preciso muito de vocês; vocês estão em grande quantidade e as pessoas que vão morar aqui, quem sabe, possam até dar algum alimento que possa prejudicar vocês, venham comigo. Vamos para lá do outro lado da rua; é tão próximo. De vez em quando vocês vêm visitar aqui...

Dito isso, foi para a sua casa. Sentou-se na sala e ficou olhando pela janela, para ver se vinha algum gato. De repente, a gata mais velha passou por cima do muro, subiu por cima da casa — e Chico olhando — desceu, andou por todo o quintal da casa, voltou, subiu novamente no muro e retornou para o outro lado da rua.

Chico falou:

— Que pena! Ela não gostou do lugar!

Passou meia hora a gata voltou, e com ela os outros gatos que, finalmente, mudaram-se para estar ao lado de Chico.

38 | *Telegrama para Jesus*

Minha esposa Lourdes e eu temos cinco filhos: Marta, Oswaldo Filho, Mara, Ronyvaldo e Simone.

O sonho de Ronyvaldo, carinhosamente chamado de Rony, era formar-se em Medicina; queria muito ser médico e se tornar cirurgião. Chegou-lhe o momento de prestar o vestibular para ingressar na Faculdade de Medicina, e em idade para obter a sua carteira de motorista.

Antes de iniciar a Faculdade de Medicina, Rony passava por um cruzamento, em uma das avenidas aqui na cidade de São Paulo e sofreu uma colisão frontal com um veículo que não respeitou o semáforo, ultrapassando quando sinalizava o vermelho, a colisão foi exatamente do lado em que ele se encontrava.

Rony bateu a cabeça no teto do carro e, em decorrência, formou-se um coágulo em seu cérebro, ocasionando-lhe profundas crises de ausência. O fato nos deixou muito tristes e preocupados. Fomos várias vezes a Uberaba, Rony nos acompanhava, e sempre perguntávamos ao Chico o que fazer.

E ele nos dizia:

— Nosso Rony vai fazer o curso de Medicina, sim. Pode deixá-lo guiar que ele nunca irá machucar alguém. Mas o nosso Oswaldo vai ter algum prejuízo; deverá perder alguns carros, mas nem o Rony, nem ninguém irá se machucar.

E assim foi. Rony se formou em Medicina e fez amizade com muitos outros colegas médicos, entre eles, a Dra. Elza Márcia, uma médica maravilhosa, que lhe prescrevia muitos medicamentos e sempre a dizer:

— No dia em que aparecer um lugar em que eu tenha a certeza de que o Rony pode se curar, nós vamos levá-lo. Nem que eu tenha que viajar com vocês para outro país, eu estarei junto e não quero ganhar nada.

Chico nos disse várias vezes:

— Não, ainda não pode mexer na cabeça do Rony; é uma operação muito delicada. Ele já se formou médico, mas não deve fazer a cirurgia, por enquanto. Vamos aguardar, continuar orando e, quem sabe, um dia o nosso Rony fique bom.

O tempo foi passando. Três, quatro, cinco anos, as mesmas crises; nosso Rony sempre com problemas muito sérios. Depois de uns oito ou nove anos, a Dra. Elza e uma equipe de médicos, aqui do Hospital Oswaldo Cruz, queriam operá-lo e nós dizíamos:

— Ele não opera sem que Chico nos dê sua opinião.

Conversando com Chico é que nós vamos saber se Rony deve fazer a cirurgia ou não.

Fomos eu, Lourdes, Rony e Vanessa, sua esposa, até Uberaba, conversar com Chico, novamente, sobre a possibilidade de Rony se submeter à cirurgia. Quando chegamos na casa de Chico ele estava na sala de almoço. Entramos pela porta da sala, ainda não o estávamos vendo, e Chico, da sala de almoço, também sem nos ver, disse:

— Ah, nosso Rony está chegando! Nosso Rony, nosso Oswaldo, nossa Lourdes e Vanessa estão chegando. Quem sabe está na hora do nosso Rony se curar, fazer a sua cirurgia.

Nós ficamos extasiados diante daquelas palavras de Chico, e quando chegamos a sua frente, ele nos aguardava com aquele sorriso todo especial e falou:

— É, Rony. Acho que está na hora de você ser operado!

— Chico, tomara que esteja dando certo — disse-lhe Rony.

E Chico respondeu:

— Vamos nos sentar para almoçar. Vamos conversar bastante e ver o que se pode fazer. Quem sabe Rony vai fazer essa cirurgia. Nós vamos pedir aos amigos espirituais para que possamos assistir, também, e parece que está na hora, não é, Rony? Mas eu vou contar uma historinha que aconteceu comigo. Vocês sabem, eu vou sempre para os trabalhos e, quando retorno, estou sempre um pouquinho mais pesado, cerca de um quilo, um quilo e pouco, porque estou sempre de paletó e todas as pessoas que me procuram levam suas cartinhas, seus pedidos e eu os coloco no bolso; não posso jogar fora esses pedidos. Quando chego aqui em casa, eu coloco todos eles sobre esta mesa e passo os meus telegramas para Jesus, passando os pedidos dos meus amigos. Eu faço minhas preces e envio esses telegramas para Jesus.

Chico então nos contou o seguinte fato:

— Dr. Eurípides Tahan, nosso querido médico e amigo, me falou sobre um remédio que eu deveria experimentar, pois iria me fortalecer bastante. Eu queria muito tomar o remédio. Mandei procurar em Uberaba, mas não encontrei; pedi aos amigos de Belo Horizonte, do Rio de Janeiro, de São Paulo e ninguém conseguiu encontrar o remédio. Eu, aqui mesmo, nesta mesa, com muita vontade de experimentar o remédio, lembrei que este é o local onde eu passo constantemente os telegramas dos meus amigos, das mães que me pedem algo, e eu sempre direciono esses telegramas a Jesus, com as súplicas das nossas irmãs e de nossos irmãos. Aqui mesmo, sentado, eu falei: Por que eu não passar, também, um telegrama para Jesus? Então, eu vou passar o meu telegrama para Jesus, pedindo o meu remédio. E eu comecei, mais ou menos, assim: Meu querido Mestre Jesus. Sei que não mereço, mas nesta mesa e neste mesmo local, onde passo os telegramas dos meus amigos, aqui estou passando o meu telegrama também. É que eu gostaria muito de experimentar esse remédio. Já pedi em Uberaba, Belo Horizonte, Rio de Janeiro, São Paulo e, quem sabe, algum amigo generoso possa encontrar esse remédio e me enviar. Mestre querido, me perdoe por tal súplica, mas aqui, neste mesmo local, eu tenho pedido pelos meus amigos, agora estou fazendo o meu pedido.

Pediu a Dinorá, servidora da casa, para não mexer nos papéis das rogativas sobre a mesa, pois, ele também estava passando o seu telegrama. Passados cinco ou seis dias, chegou uma caixinha e o remédio estava lá dentro. Procurou pelo remetente e surpreso dizia para consigo:

— Meu Deus, o remédio está aqui! Esse amigo me mandou e não deixou o seu endereço, como eu posso agradecer a ele?

Olhando a caixinha ele viu que estava carimbada pelo Correio e vinha do sul do país, preocupou-se, quem teria enviado o remédio, tinha muitos amigos no sul do país. Emmanuel ao seu lado perguntou:

— Chico, o que está acontecendo? Por que tanta preocupação?

— Eu passei um telegrama para Jesus aqui nesta mesa, pedindo a Jesus o meu remédio; o remédio veio e eu não consigo agradecer a esse amigo, porque não tem o nome do remetente.

Emmanuel o indaga:

— A quem você pediu o remédio?

— Eu pedi para Jesus! Respondeu.

— Pois agradeça a Jesus, foi o nosso Mestre que mandou que procurássemos e providenciássemos esse remédio para você. Agora você tem o remédio, foi atendido por Jesus.

Vanessa, Chico e Rony, antes da cirurgia

Agradeça a Jesus, Chico. É dessa maneira que você tem que fazer.

Quando chegamos a São Paulo, sem que conversássemos, Rony passou o seu telegrama para Jesus, suplicando ao Mestre que ele pudesse alcançar sua cura.

Assim fez também Vanessa, sua esposa, sem conversarem um com o outro. Cada um, em segredo, passou o seu telegrama para Jesus, pedindo pela cura do Rony.

Lourdes também fez o mesmo; passou seu telegrama para Jesus, suplicando pela cura do nosso filho. Rony se submeteu à cirurgia. Há mais de sete anos, graças a Deus, está totalmente curado.

Este fato o comentamos, quando, reunidos no túmulo do Chico no Dia de Finados, em Uberaba, o colocamos como receita e como recomendação aos que como nós temos necessidade de alguma coisa que possa nos ajudar na vida.

Chico dizia assim:

— Às vezes, nós fazemos uma prece e o nosso pensamento se divaga, vai muito longe e a gente não completa o pedido. Quando escrevemos, colocamos o nosso pensamento todinho no papel e vamos até o final do assunto, no papel é muito melhor escrevermos o nosso telegrama para Jesus.

39 | *Na hora do almoço*

Eu prestava sempre muita atenção ao Chico quando almoçávamos com ele em sua casa. Às vezes, ele era servido, mas não começava a comer enquanto todos que estavam à mesa não fossem servidos também. Ele aguardava sempre que todos, especialmente as mulheres, começassem a comer, para só depois ele fazer o mesmo.

Numa dessas ocasiões eu disse a ele:

— Chico, você não vai comer?

Ele me respondeu:

—Vou sim, meu filho, mas olhe lá na porta.

Eu olhei e vi os gatos ali na porta olhando para o Chico. Ele disse:

— Como é que eu posso comer, se eles estão olhando para mim? Vocês me desculpem, mas eu primeiro vou dar comida a eles e já volto.

Acompanhei o Chico até o quintal, ele serviu os gatos e depois voltamos à mesa para almoçar.

Nesse momento, Chico nos disse:

— Como eu posso comer com eles todos olhando para mim, também querendo se alimentar?

40 | *Formação da Editora Ideal*

Em 21 de março de 1975, Chico nos informava que Emmanuel e André Luiz nos formulavam um convite para a constituição de uma nova editora para livros espíritas. Convidados por Chico Xavier, para os ajustes, nessa oportunidade, Orlando Moreno, Francisco Galves, Rubens Silvio Germinhasi, e eu, Oswaldo, integrantes fundadores dessa nova Editora que surgia. Chico nos dizia o nome escolhido pelos benfeitores espirituais: Instituto Divulgação Editora André Luiz, atualmente integrada ao Grupo de Ideal Espírita André Luiz. Nos seus trinta e dois anos de trabalho, com alegria, temos o prazer em dizer que editamos 75 obras psicografadas por Chico Xavier.

Sabemos que ainda estamos longe de tal confiança, mas, de uma maneira ou de outra, com a ajuda desses benfeitores espirituais, operosos no bem para a Humanidade, e sempre com a presença de Chico orientando-nos, a dar-nos sustentação nessa empreitada, sendo verdadeiro leme a nos guiar, temos a certeza de que muitos corações, por meio dessas obras, foram reconfortados.

41 | *Precisamos do sorriso do próximo*

Chico ao receber as pessoas que o procuravam para alívio de suas tristezas, de suas depressões, a procura de uma receita para alívio dos seus corações, nunca deixou de atendê-las, dizia:

— Você quer uma receita, meu filho? Pois, então, nós precisamos muito, muito mesmo, do sorriso do próximo. Temos que nos esforçar para proporcionarmos alegria àqueles que estão sofrendo muito mais do que nós. Só através da caridade, estendendo as nossas mãos, tocando no ombro daqueles que precisam e tendo tempo para ouvir aqueles que nos procuram para falar das suas dores.

Às vezes, está me doendo tanto e eu não tenho o direito de falar das minhas dores, porque quem me procura o faz para falar dos problemas que está passando e nós temos que ter sempre um pouco mais de nós para darmos para àqueles que nos procuram. O Deus lhe pague, o muito obrigado, o vá com Deus, deveriam ser o lema de toda a Humanidade. É o que nós precisamos lutar para ter como retorno: o sorriso do próximo, o muito obrigado, o Deus lhe pague e o vá com Deus.

42 | *Curso para aprender o passe*

Numa oportunidade perguntei ao Chico sobre os cursos que se faz para aprender aplicar o passe, e sobre o que ele achava de se ensinar uma mãe para esse momento do passe.

Ele respondeu:

— Ah, meu filho. Passe é sentimento do coração!

Como nós podemos ensinar uma mãe a dar o passe?

Ela fala mais pelo coração, porque pede pelos seus entes queridos. O povo se preocupa muito em fazer curso aqui, curso ali e se esquece de trabalhar.

Uma coisa eu digo a vocês: eu nasci xavante e vou morrer xavante, mas quero cumprir com as minhas obrigações.

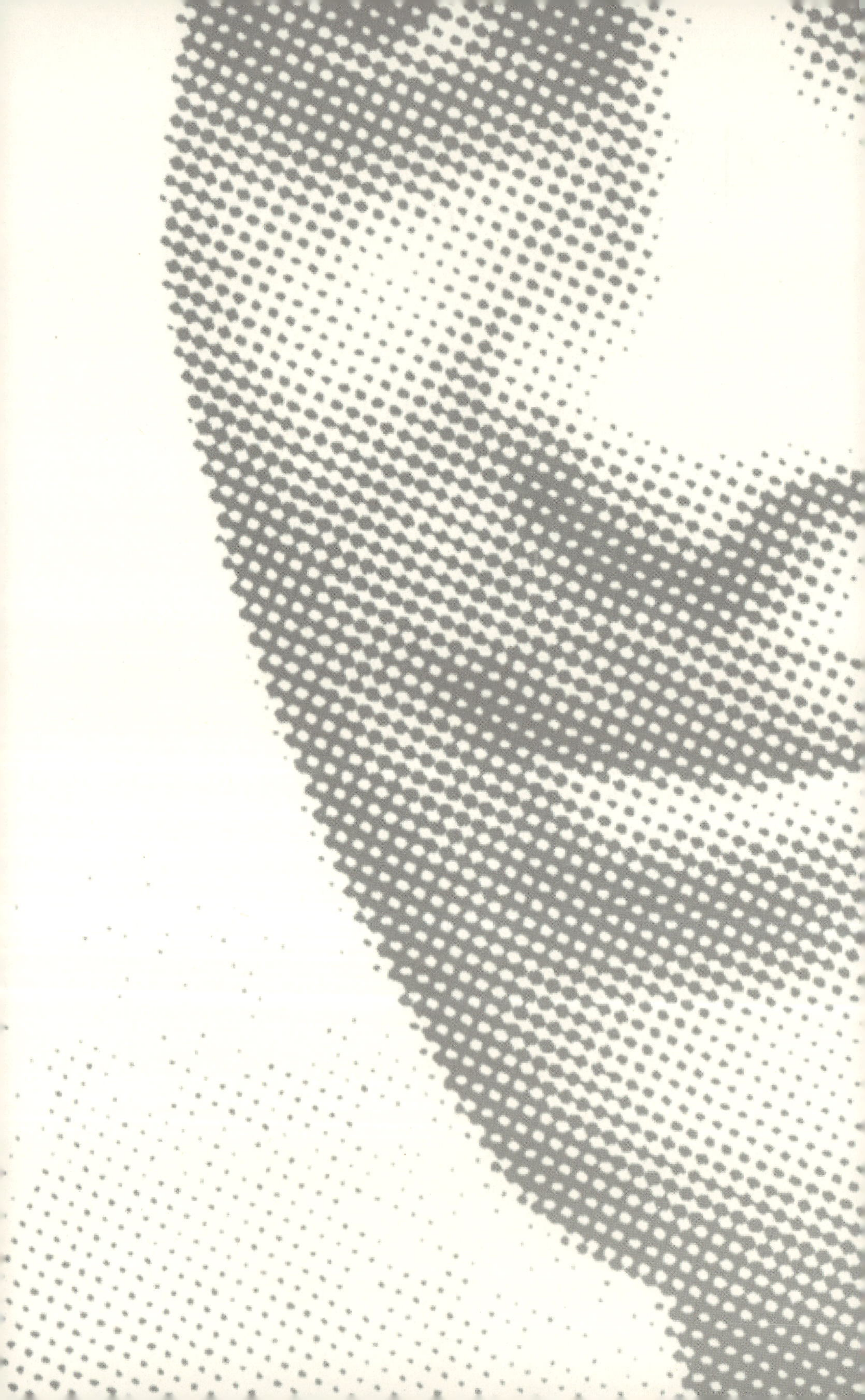

43 | *Missão cumprida*

Aproximadamente um mês antes de Chico desencarnar, conversávamos em sua casa, no mesmo local onde por vezes almoçávamos com ele.

Eu me debrucei sobre a mesa, segurando as suas mãos, quando Chico expressava o seu sentimento às pessoas que estavam na sala:

— A missão está cumprida. Estou aguardando as ordens do Pai. Não posso pedir para ir nem para ficar; espero as determinações do Pai. Mais um pouco e não estarei mais de corpo presente entre vocês, mas eu não vou deixar de estar junto aos meus amigos, não vou abandonar o nosso Eurípedes. Mas de uma coisa vocês estejam certos: quando eu partir muitos vão dizer estar recebendo Chico Xavier. Não sou eu! Não sou eu!

Vou dar um descanso para o lápis, vou aguardar um pouco, um pouco mais para trazer mensagens, porque elas já estão aí. O povo pode ler tudo que já foi escrito e temos muita coisa para aprender ainda.

44 | *Preparação para o trabalho*

Chico nos dizia:

— Quando vamos para o Centro, as nossas casas de oração, antes de se iniciar o trabalho, necessitamos de uma preparação. Por isso, eu fico por cerca de uma hora recolhido num pequeno banheiro no fundo e contíguo ao salão, orando, pedindo ajuda para que eu possa cumprir com fidelidade o meu compromisso de trabalho. Para participarmos de um trabalho, precisamos chegar sempre antes da hora para nos prepararmos, porque os nossos benfeitores espirituais merecem todo o nosso respeito.

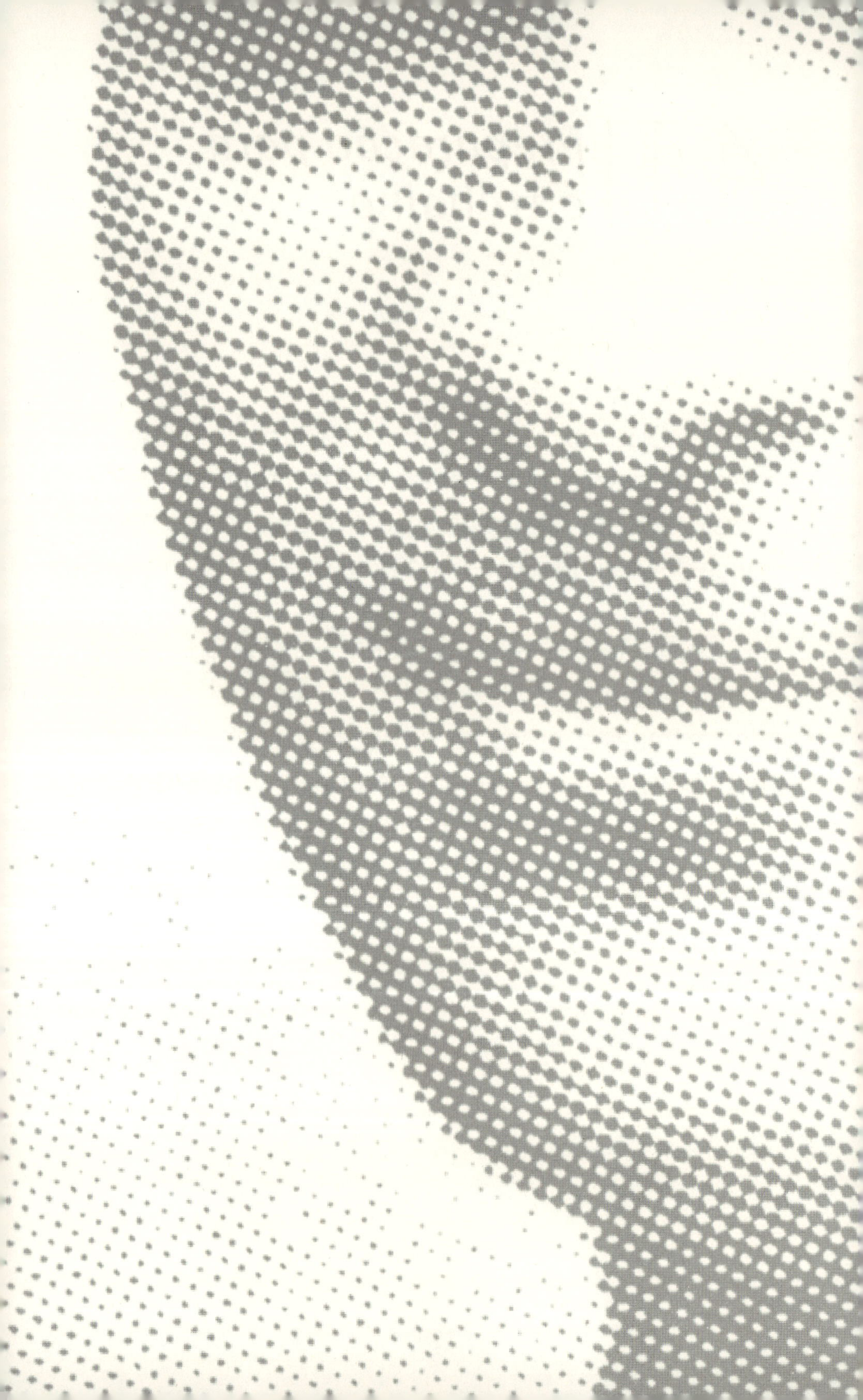

45 | *Nos correios*

Chico nos convidava juntamente com os companheiros a lhe fazer companhia no "Correio", uma sala separada no quintal da residência onde ele se ocupava para a remessa de sua correspondência e a preparação das mensagens em caixinhas rubricadas e endereçadas.

Enquanto ele escrevia os nomes das pessoas para quem ele enviaria os pacotinhos de mensagens, por várias vezes ele nos mostrava quantas pessoas ele já conhecia, e quando achávamos que ele fosse esquecer algum dos endereços, ele ainda brincava dizendo:

— Que beleza, ainda me lembro!

Eu perguntei:

— Mas você os têm todos em sua memória Chico?

E ele respondeu:

— Ah, mais ou menos para umas mil pessoas que a gente escreve constantemente, eu sei o Nome, CEP, Cidade, Endereço e o Número. A gente guarda tudo com amor e carinho.

46 | Rogando ajuda ao Dr. Bezerra de Menezes

Chico disse ser muito agradecido a Orlando Moreno, então Presidente da nossa Entidade, o Grupo de Ideal Espírita André Luiz, porque Orlando tinha a gráfica e nós do IDEAL começamos a fazer os livros em quatro cores.

Chico dizia assim:

— Eu agradeço muito a Orlando, porque ele começou a vestir os meus filhos a cores!

Numa ocasião, estávamos Orlando e eu, conversando com Chico na sala de sua casa em Uberaba, quando ele nos contou que, certa feita, estava sentado e começou a sentir forte dor no baixo-ventre. Pensou se deveria ir para um hospital ou se ele deveria orar.

Começou então a orar e pedir ao Dr. Bezerra de Menezes que o ajudasse, para que, se possível, aquela dor fosse aliviada sem que ele precisasse ir para o hospital.

Em determinado momento – ele já estava orando há algum tempo – aquela dor aumentou tanto, tanto, que ele teve a necessidade de correr para o banheiro. Lá ele expeliu muito sangue e a dor aliviou na mesma hora.

Ele falou:

– Graças a Deus, eu fui operado, muito obrigado, Dr. Bezerra. Eu fui operado e lhe agradeço muito!

E não teve a necessidade de ir para o hospital.

Depois de alguns dias, nosso Orlando passou pelo mesmo problema. Começou a sentir aquela dor muito forte no baixo-ventre e se lembrou de Chico. Em vez de chamar os familiares e correr para o hospital, lembrou-se que Chico pedira ajuda ao Dr. Bezerra de Menezes e, quando estava em oração, aquela dor aumentando, idêntico ao que havia acontecido com Chico.

Ele correu para o banheiro e, da mesma maneira, expeliu muito sangue. Então, ele agradeceu também a Deus, como Chico fizera, dizendo:

– Graças a Deus! Obrigado, Dr. Bezerra. Eu fui operado!

47 | Voltando de Sacramento para Uberaba

Estivemos com Chico na cidade de Sacramento em mais uma tarde de autógrafos. Nessa viagem eu é que estava guiando o automóvel, de madrugada, entre quatro e cinco horas da manhã.

Eu já estava bastante cansado e, em determinado momento, Chico, sentado no banco detrás, me perguntou:

— Oswaldo, meu filho, posso lhe falar uma coisa?

Eu respondi:

— Claro que sim!

E ele falou:

— Preste atenção, meu filho. Eu não estou lhe chamando a atenção. Só quero dizer a você que estou nas tuas mãos. Os *80 por hora* já excedeu muito. Mas você continue, meu filho. A responsabilidade é sua. Eu estou nas suas mãos e não tenho medo nenhum!

48 | *Mensagens para distribuição*

Quando estávamos na sala do "Correio", um cômodo para a expedição de correspondência, Chico nos chamou:

— Venham ver uma coisa! Venham ver o estoque de mensagens que temos guardado.

Ao lado do "Correio" tinha mais um cômodo, que ficava sempre trancado a chave, Chico abriu a porta, nós entramos e ele disse:

— Vejam bem. Isto não pode acontecer, as mensagens têm que ser distribuídas, enviadas para todas as pessoas. As pessoas estão precisando muito de receber mensagens e elas estão guardadas aqui. Por isso que eu preciso ter os meus gatos para proteger as mensagens dos ratos. Às vezes, eu preciso de um pouco mais de mensagens e recebo tão pouca. Como eu gostaria de poder esvaziar este quarto e distribuir todas estas mensagens que ficam aqui, amarelam e se perde uma riqueza tão grande que os amigos espirituais nos oferecem.

49 | *Mausoléu de Chico Xavier*

Em mais uma de nossas viagens em aproveitamento para estarmos junto do Chico, rumamos primeiramente para a cidade de Sacramento, em visita ao túmulo de Dr. Eurípedes Barsanulfo, alguns amigos do IDEAL expressaram o desejo de fazer uma reforma e melhorar um pouco mais o túmulo de Dr. Eurípedes. De retorno a São Paulo, passamos em casa de Chico que opinou sobre a intenção do grupo:

— Seria muito bom se vocês conseguissem fazer, porque um grande homem que passou por aqui merece todo o nosso respeito, para que se evite, no futuro, esquecer quem foi Dr. Eurípedes Barsanulfo, o seu trabalho, a sua dedicação, o seu amor para com todo o povo brasileiro.

Por ocasião da desencarnação de Chico, estávamos ao lado do seu corpo, quando me lembrei daquelas suas palavras, sobre melhorar o túmulo de Dr. Eurípedes Barsanulfo.

No instante seguinte chamei o nosso Eurípedes Humberto Higino dos Reis, filho de Chico, e disse a ele que o Grupo do Ideal Espírita André Luiz e a nossa Editora André Luiz pretendiam construir um Mausoléu em homenagem ao grande homem que foi Chico. Por cerca de quatro meses, todas as semanas, estivemos presentes em Uberaba para a construção do túmulo, mas que não fosse suntuoso, algo simples, no estilo de Chico Xavier, e que não precisasse de reformas. Uma obra construída em memória desse grande homem que passou e continua conosco, a nos ajudar.

Mausoléu de Chico Xavier em Uberaba

Eurípedes, Lourdes Godoy e Oswaldo no Mausoléu

Eurípedes e Lourdes Moya Godoy, na Casa de Prece

50 | *Materialização de André Luiz*

Tive a oportunidade de estar junto de Chico num trabalho de materialização, no Grupo Irmão Kamura, quando se materializou o Espírito André Luiz. Chico, com sua humildade, falou:

— Vejam, é André Luiz que está presente!

André Luiz caminhou entre todos e, quando chegou diante de Chico, ajoelhou-se. Que criatura maravilhosa e sublime era o nosso querido Chico, a ponto de André Luiz ajoelhar-se diante dele.

51 | Chico preso dentro do cemitério

Chico gostava muito de visitar cemitérios, inclusive, tive a oportunidade, em algumas cidades, de acompanhá-lo nessas visitas. Às vezes, ele pedia ao Eurípedes que o deixasse na porta do cemitério e que viesse buscá-lo depois de quatro a cinco horas.

Numa ocasião, em São Paulo, Chico visitava um cemitério quando foi dado um sinal, avisando que iriam fechar os portões. Ele, lá dentro, não sabia qual a razão de acionarem aquele sinal e acabou trancado lá dentro.

Então, quando chegou ao portão e o encontrou trancado pediu através de um vão, para um rapaz da floricultura, que fosse chamar o zelador, a fim de que ele viesse abrir e Chico assim pudesse sair de dentro do cemitério.

52 | *Ligação com a Igreja Católica*

Nós sabemos que existem muitas casas de oração, muitos grupos, muitas ideias, trabalhos diferentes uns dos outros e, certa vez, conversando com Chico ele nos disse:

— Eu venho de berço católico; a Igreja Católica foi uma mãe religiosa. Se for para me perder em outro lugar, eu volto para a casa da minha mãe, por isso a minha grande ligação com a Igreja Católica.

53 | *Garrafões de água*

Orlando, Rubens e eu, Oswaldo, sempre levávamos, nas viagens a Uberaba, garrafões de 5 litros de água ou, às vezes, caixas com garrafões de 1 litro e meio e colocávamos no quarto de Chico. Depois dizíamos a ele que as águas já estavam no quarto. Chico então ia até o quarto por uns 15 minutos. Depois voltava e dizia:

— Podem retirar a água que já fizemos as preces.

Trazíamos aquela água fluidificada para São Paulo. E ela durava cerca de dois a três meses, porque naquela época nós colocávamos pouco a pouco em filtros.

Numa dessas viagens, um amigo nosso de São Bernardo, de nome Guarani, esqueceu o seu garrafão de água em seu carro, deixando de levá-lo para a fluidificação da água, e, para voltar ao local onde seu automóvel estava estacionado, causaria um certo transtorno, ele preferiu não ir buscá-lo.

Ficou muito triste, muito contrariado por esse esquecimento, ficava a todo instante se lastimando pelo fato. Quando terminaram os trabalhos recolhemos os nossos garrafões e viemos embora para São

Paulo. Ao chegar a sua casa, pegou o seu garrafão, um tanto chateado, e o colocou na prateleira da sua garagem. Sua empregada estranhou e perguntou:

— O senhor não vai levar o seu garrafão para cima?

Ele respondeu:

— Não, amanhã você pode usar essa água para lavar a garagem, eu me esqueci de levar o garrafão para fluidificação da água.

No dia seguinte foi trabalhar normalmente e à tarde, quando retornou do seu trabalho, percebeu que a sua garagem estava perfumada, a água que a empregada havia usado para lavar a garagem estava fluidificada.

Imaginem que maravilha, o que os Espíritos fazem por nos atender, e que tristeza para o nosso amigo Guarani.

54 | *A pedra*

Tudo que Chico ganhava imediatamente ele passava adiante, gostava de doar tudo o que recebia.

Numa oportunidade em que participávamos do Culto do Abacateiro, uma senhora, das assistidas, muito pobrezinha, deu ao Chico uma pedra muito linda, que havia retirado do rio.

Eu fiquei encantado de ver aquela pedra e falei:

— Chico, que coisa linda que é essa pedra, que amor dessa criatura trazendo essa pedra para você!

Ele disse:

— Segure-a para mim, Oswaldo, que Lourdes vai conhecer esta pedra!

Eu já sabia que a pedra estava sendo dada para mim. Eu a trouxe para casa e guardei-a no cofre por muitos anos, até que um dia a dei para o meu filho Oswaldinho.

55 | *Doações que Chico recebia*

Das vezes que estávamos na casa de Chico surgia sempre alguém querendo fazer doações para que Chico distribuísse às famílias carentes.

Traziam caminhões com roupas, agasalhos, cobertores e muitos alimentos.

Quando chegavam, apressadamente perguntavam ao Chico onde descarregariam as doações em sua casa.

Chico rapidamente dizia: "vamos fazer a entrega".

— A fome está do lado de fora, não podemos perder tempo, vamos, eu vou junto com vocês e quero ver vocês, por justiça, receberem os agradecimentos.

O Deus lhe pague.

56 | *Dr. Eurípedes Barsanulfo*

Há alguns anos, antes da desencarnação do querido Chico, conversávamos com ele pedindo sua opinião se deveríamos pedir autorização da família do Dr. Eurípedes Barsanulfo, se poderíamos reconstruir o seu túmulo em Sacramento.

Chico nos disse "se a família permitir acho que devem fazê-lo, não que Dr. Eurípedes precise disso, mas o nosso povo é que precisa. Por aqui passou um grande homem, um missionário, um homem de muita luz e que muito facilmente, com o passar dos anos, poderá ficar esquecido. O povo precisa dessa lembrança".

Como o Chico, às vezes, comentava: "os homens estudiosos gostam muito de estudar os corpos, eu penso que o meu não tenha nada para se estudar", e completava:

— A minha vida eu dediquei à minha mediunidade, à minha família, aos meus amigos.

A minha morte me pertence, o meu corpo deve voltar para a Mãe Terra e não deve ser tocado.

Peço para o meu sepultamento que aguardem 48 horas e cinco dias de vigília policial, pois respeito muito o meu corpo que me serviu por todos estes anos.

Esta foi à razão de termos construído o seu túmulo, preservando-o conforme a sua vontade. Assim o fizemos por respeitá-lo nesse seu desejo.

57 | *Meu aniversário*

Dia 31 de janeiro, era meu aniversário, minhas filhas estavam preparando uma festa surpresa, minha esposa sabia de tudo e estávamos na sala de TV com o som muito baixo, perguntei a ela se deveria desligar a TV.

Ela achou de não precisar desligar.

Nesse momento, vi o Chico entrando no recinto e perguntei se ele iria incorporar em mim para falar com a Lourdes, disse que não, e se aproximou beijando os seus dedos e colocando sua mão sobre o meu coração disse: "É só isso".

Quando já em retirada, endereçou novamente o seu olhar para nós, levando sua mão à boca gesticulando um beijo.

58 | *Na casa de Chico Xavier*

Em determinada época fomos perguntar ao Chico se poderíamos aumentar o número de pessoas assistidas em nossa casa.

As pessoas que nos acompanhavam e que buscavam receber uma mensagem de seus entes queridos em Uberaba achavam que estávamos atendendo poucas pessoas em nosso núcleo de assistência e que poderíamos muito bem dobrar o número de assistidos.

Quando assim falamos com o Chico, ele logo perguntou:

— E, se ninguém doar mais nada, vocês conseguem manter o trabalho?

— Sim — dissemos a ele.

— Então, permaneça como está, esses irmãos podem estar de passagem, e se vocês ampliarem, o compromisso é da Casa, quem precisa vem buscar.

59 | *Jesus descalço*

Almoçando com Chico em sua casa, ele nos mostrava a foto de Jesus descalço, que ainda se encontra em quadro na parede de sua sala de almoço, e nos dizia:

— Olhem para aquele quadro de Jesus na parede, era daquela maneira que Jesus gostava de caminhar, pisando o solo deste nosso mundo.

60 | *Finalizando*

Estou encerrando, em parte, o que eu pude oferecer ao conhecimento do leitor amigo sobre os nossos momentos com Chico Xavier. Tivemos ainda muitas conversas e casos que Chico nos confiava, alertando ser para nossa orientação e conhecimento e não para serem divulgados. Na conclusão destes relatos de convivência com o nosso querido Chico Xavier, não poderíamos deixar de agradecer aos grandes amigos que fizeram e continuam fazendo parte na lembrança desses momentos!

Nossos queridos irmãos e amigos que partilharam conosco desses momentos: Orlando Moreno, que, mesmo se encontrando no Mundo Espiritual, será para sempre Presidente do nosso Grupo Ideal André Luiz, o nosso querido Rubens Silvio Germinhasi, que sorrimos e choramos muito por grandes emoções com nosso querido Chico, e, também, nosso tão querido Eurípedes Humberto Higino dos Reis, que sempre nos proporcionava esses encontros, que Deus o abençoe sempre, o nosso Eurípedes.

De Oswaldo de Godoy Bueno

FEB editora
Livro espírita para um novo mundo
www.febeditora.com.br
@febeditoraoficial
@febeditora

Produção Editorial:
Elizabete de Jesus Moreira
Mônica Santos
Pedro Henrique de Azevedo Silva

Revisão:
Mônica Santos

Capa:
Luciano Carneiro Holanda

Projeto Gráfico
Rones José Silvano de Lima – instagram.com/bookebooks_designer

Diagramação:
Thiago Pereira Campos

Foto de capa:
Acervo FEB

Normalização Técnica:
Biblioteca de Obras Raras e Documentos Patrimoniais do Livro

Esta edição foi impressa pela Editora Vozes Ltda., Petrópolis, RJ, com tiragem de 1 mil exemplares, todos em formato fechado de 155x230 mm e com mancha de 110x190 mm. Os papéis utilizados foram o Off white slim 65 g/m^2 para o miolo e o Cartão 250 g/m^2 para a capa. O texto principal foi composto em fonte Lato Light 11,5/18 e os títulos em Lato Bold Italic 19/24. Impresso no Brasil. *Presita en Brazilo.*